KB213892

위로부터

ἄνωθεν(아노쎈), from above(heaven)

위로부터

ἄνωθεν(아노쎈), from above(heaven)

지은이 최더함

리폼드북스

차례

세 이야기

위로부터 거듭남

프롤로그

기독교회는 거듭난 사람들의 모임이다. 거듭남은 땅의 차원이 아니라 하늘의 차원에서 일어나는 초자연적인 현상이다. 인간의 힘과 능력으로 만들어지는 것이 아니라 하나님의 전능하심으로 주어지는 하늘의 선물이다. 한 마디로 '위로부터'ἄνωθεν, from above [1] 임하시는 성령님의 초자연적 은사다. 모든 그리스도인은 이 은사를 받고 '새로운 피조물'(고후 5:17)이 된 사람들이다. 그러므로 누구든지 '위로부터' 주어지는 성령의 은사, 곧 세례를 받지 않고선 한 사람의 자연인이 거듭날 수 없고 거듭나지 않은 그리스도인이 있을 수 없다. 역사적으로 기독교회가 부흥할 때는 반드시 이 거듭남의 역사가 불일 듯 일어났다.

불행히도 현대는 거듭남, 즉 중생regeneration의 역사가 희박한 시대다. 적어도 거듭남에 있어서 현대는 사막지대다. 물기가 없는 사막에 비가 내리지 않듯이 영적으로 삭막하기 짝이 없는 현대사회에는 하나님의 은혜의 비마저 매말랐다. 초과학 문명의 혜택을 구가하며 마음껏 육신의 복락을 누리며 살아가는 현대인들이지만 하나님의 은혜를 상실한 그들의 마음 밭은 이미 황량한 상태다. 영

---

1 행 2:2와 9:3에선 'εκ του ούρανου' (하늘로부터) 로 기록되어 있다.

원을 사모하는 마음은 흔적도 없이 사라졌고, 오직 현세복락에 매달려 사는 불나방들이 되었다. 그들에게도 거듭남의 기회가 주어지는가?

한 마디로 세상은 거듭나지 않은 사람들의 놀이터이자 거듭남을 방해하도록 제작한 무기저장소다. 세상을 장악한 사단은 지금도 한 사람이 거듭나는 것을 방해하기 위해 모든 계략과 술책과 미혹의 역사를 단행한다. 지금도 여기에 걸려드는 사람들이 부지기수다. 미국 리폼드신학교RTS의 존 프레임J. Frame 교수는 오늘날 사람들이 기독교를 믿기 어려운 이유로 회의주의와 상대주의, 계몽주의와 포스트모더니즘을 꼽는다.[2] 이 네 가지는 난공불락처럼 보이는 사단의 성이다. 이 땅의 모든 그리스도인이 일심으로 연합하여 여리고성을 돌 때 겨우 무너질 가능성이 있지 않을까. 그러나 이미 그리스도인들은 여러 개로 쪼개진 난파선 위에서 각자도생으로 구조선을 기다리고 있을 뿐이다.

인간은 전적으로 타락한 존재로 태어나 거듭남의 은혜를 입기까지 그 상태로 살아간다. 누구도 거듭나기 전까지 완전한 존재는 없다. 물론 거듭났다고 하여 완전한 상태에 이른다고 말하는 것은 아

---

2 존 프레임, 김효남 역, <기독교를 생각하다>, 좋은 씨앗, 2021. 37-45쪽.

니다. 완벽한 원을 가진 구체가 없듯이 인생도 그러하다. 아직까지 안벽한 원형을 가진 축구공은 만들어지지 않았다. 다만 둥근 것은 아니지만 둥글게 보이고 싶고 그렇게 되고 싶어 애쓰는 거다. 한 사람이 거듭났다는 것은 새로운 인생을 살고 싶어 하는 것이다. 예전에는 이 새로운 인생의 존재조차 몰랐지만 거듭남을 통해 또 다른 차원의 인생이 있다는 것을 알게 된 것이다. 이것은 얼마나 큰 축복인가.

성경은 거듭난 사람들의 담대한 인생이야기를 담은 책이다. 이 책은 그 중에서 세 가지 사례를 통해 거듭난 사람 혹은 사람들의 이야기를 다룬다. 등장인물들은 우리와 다를 바 없었던 보통 사람들이었다. 야곱은 우리처럼 거짓에 능하고 음흉한 사람이다. 형을 속이고 장자권을 탈취한 못된 사람이다. 그런 그에게 하늘로부터 내려온 사닥다리가 꿈에 나타난 거다. 그 일로 야곱은 완전히 다른 차원에 속한 사람이 되었다. 오순절 다락방에 모인 사람들은 모두 주님의 십자가와 부활과 승천을 목격한 사람들이다. 때가 이르자 이 신실한 사람들 각자에게 성령이 위로부터 임하였다. 어떤 교파는 이들이 받은 은사적 능력에 주목하지만 실상 더 중요한 것은 바로 위로부터 임한 이 은혜를 덧입은 사람들로 인하여 기독교회가 탄생했다는 사실이다. 이 사건은 교회의 구성원과 그 본질이 무엇인가를 계시한 초유의 사건이다. 다음으로 사울이라 불리던 한 유대인 청년의 회심을 소개한다. 그는 가말리엘 학파에 속한 골수 바리새파 유대인이었고 그 스스로 이단 종파라고 믿었던 그리스도인들을 체포하는 일에 자부심을 가졌던 유대교인이었다. 그런 그에게 하늘로부터 주님의 음성이 들렸다. 죽었다고 생각한 예수 그리스도가 죽지 않고 살아있다는 것을 체험한 이후 사울은 사도 바울이 되어 초대교회의 기반을 다지는 사명자가 되었다.

한국교회의 현실이 녹녹하지가 않다. 어느새 한국이라는 국가는 군사적으로는 세계 5위요, 경제적으로 세계 10위 권 안에 진입한 강대국이 되었다. 남북 분단이라는 열악한 현실 안에서 이룩한 쾌거요 민족적 자부심이다. 그러나 한국 사회는 철저하게 분열되고 대립하고 있다. 여당과 야당, 보수와 진보, 좌와 우, 노동자와 사용자, 청년과 장년, 여성과 남성, 서울과 지방 등으로 쪼개졌다. 비난을 넘어 저주와 증오가 판을 친다. '내 편 네 편'으로 나뉘어 서로 죽이지 못해 으르렁거린다. 내 편이 하는 일은 정당하고 상대편이 하는 일은 모조리 음모다. 내 편이 죄를 지으면 억울하고 수사 검사를 공개 저격하는가 하면, 죄가 있다 판결하는 판사는 천하의 역적이 되는 세상이다. 반대로 내 편에 유리한 판결을 하면 사법부의 위대한 판결이라고 치켜세운다. 한국인 대다수가 '내로남불'의 질병에 감염되었다.

해법을 찾기 위해 지도자들의 공정과 정직과 솔선수범과 헌신과 희생의 모범이 뒤따라야 할 것이다. 그러나 가장 근원적인 해법은 한 사람 한 사람이 하늘에서 주어지는 거듭남의 은혜를 입는 일이다. 거듭나지 않고선 어떤 사람도 새로운 가치관, 세계관을 가질 수 없기 때문이다. 이 일을 위해 이 땅의 그리스도인들의 거룩한 삶이 더욱 요청된다. 이 책은 그런 충정으로 쓴 글이다. 일독하면서 건전한 한국 사회와 교회를 위해 함께 고민해보자.

2024년 1월, 한국교회와 한국 사회를 생각하면서

주의 작은 종 최더함 씀.

1부

세 이야기

이야기 하나. 야곱의 꿈

⚜ ⚜ ⚜

"야곱이 브엘세바에서 떠나 하란으로 향하여 가더니, 한 곳에 이르러는 해가 진지라 거기서 유숙하려고 그곳의 한 돌을 가져다가 베개로 삼고 거기 누워 자더니, 꿈에 본즉 사닥다리가 땅 위에 서 있는데 그 꼭대기가 하늘에 닿았고 또 본즉 하나님의 사자들이 그 위에서 오르락내리락 하고, 또 본즉 여호와께서 그 위에 서서 이르시되 나는 여호와니 너의 조부 아브라함의 하나님이요 이삭의 하나님이라 네가 누워 있는 땅을 내가 너와 네 자손에게 주리니, 네 자손이 땅의 티끌같이 되어 네가 서쪽과 동쪽과 북쪽과 남쪽으로 퍼져 나갈 지며 땅의 모든 족속이 너와 네 자손으로 말미암아 복을 받으리라. 내가 너와 함께 있어 네가 어디로 가든지 너를 지키며 너를 이끌어 이 땅으로 돌아오게 할지라 내가 네게 허락한 것을 다 이루기까지 너를 떠나지 아니하리라 하신 지라"(창 28:10-15)

축복과 저주

　장자권을 손에 쥔 결과로서 야곱에게 주어진 축복(창 28:27-29)은
엄청났다. 비록 아버지와 형을 속이고 획득한 것이지만 그에게 주
어진 축복은 예상을 뛰어넘는 것이었다.

　첫째, 그는 하나님이 복 주신 '밭의 향취'the smell of a field를 얻
었다. 이 향취는 어떤 것일까? 이어지는 28절에 소개된다. "하늘의
이슬과 땅의 기름짐이며 풍성한 곡식과 포도주"에서 나는 향기.
'하늘의 이슬'은 하늘이 주는 은혜의 축복을 상징한다. 누가 이 하
늘이 주는 은혜의 축복 없이 아름다운 향취를 품어낼 수 있을까.
'땅의 기름짐'은 풍요다. 땅에 심은 모든 것들이 결실하여 열매가 된
다. 인생의 창고에 열매가 가득하다면 이보다 더 좋은 인생이 어디
있으랴. 이어지는 '풍성한 곡식과 포도주'가 바로 땅에서 얻는 열매
들이다. 풍요로운 인생은 하나님의 은혜의 열매들로 가득 차다.

　둘째, '열국의 우두머리'가 되는 축복이다. 29절은 한 사람이 지
상에서 가질 수 있는 최고의 권위와 권세를 묘사한다. 만민이 야곱
을 섬기고 열국이 굴복하고 형제들의 주가 되고 형제들이 굴복한
다. 만민에 대한 왕권을 행사한다는 것은 곧 예수 그리스도의 우주

적인 통치권을 예표하는 지점이다.

셋째, '확고한 보호권이자 보장책'이다. 이것은 누구든지 야곱을 함부로 대하지 못한다는 약속이다. 야곱의 권리를 침해하거나 삶을 힘들게 하거나 명예를 실추시키거나 경제적인 손해를 입히거나 발언권을 제한하거나 근거 없이 비방하거나 야곱의 행사를 고의적으로 방해하고 대적하는 일 등에서 야곱을 철저히 보호한다는 엄중한 선언이다. 반면에 야곱을 칭찬하고 야곱의 편이 되어 야곱의 의견을 존중하고 야곱이 하는 일에 적극적으로 참여하여 그의 이익을 구하고 그의 대변이 되는 자들이 있다면 야곱이 받는 축복을 동일하게 받게 해 주겠다는 것이다. 이것은 하나님이 야곱의 할아버지 아브라함에게 주신 복의 근원이 된다는 지상 최고의 축복을 다시 상기시키는 장면이다.

그러나 인생에 햇살만 비추는 것이 아니다. 햇빛이 있으면 그늘이 있는 법이다. 창 28장에도 빛과 어둠이 교차한다. 기쁨과 슬픔이 대비된다. 야곱의 축복에 이어지는 내용은 슬픈 에서의 이야기이다. 에서는 동생의 간교한 술책에 말려 그 귀한 장자권[3]을 잃어버

---

3 창세기에 배치된 10개의 족보들이 갖는 신학적인 의미와 역할 중 가장 두드러진 것은 선택된 장자를 통해서 '여호와의 이름을 전승'하는 것이다. 무엇보다 이 족보는 모세에게 와서 알려진 '여호와'라는 이름(출 6:3)이 어떤 과정을 거쳐 창조 때부터 전승되어 왔는지를 보여주는 중요한 자료다. 출애굽기의

렸다. 그것은 하늘에서 주어지는 하나님 은혜의 축복에서 멀어졌다는 것을 의미한다.

> "네 주소는 땅의 기름짐에서 멀고 내리는 하늘 이슬에서 멀어질 것이며, 너는 칼을 믿고 생활하겠고 네 아우를 섬길 것이며 네가 메임을 벗을 때에는 그 멍에를 네 목에서 떨쳐버리리라"(28:39-40).

무엇보다 장자권을 잃어버린 에서에게 청천벽력같은 일은 사랑하는 아버지 이삭의 입에서 나온 저주였다. 에서가 사냥해온 고기를 그렇게 맛있게 잡수시던 아버지가 그런 저주를 하리라고 상상할 수 있는 사람은 아무도 없었으리라. 그 내용이 무엇인가?

첫째, 에서에겐 땅의 열매가 보장되지 않았다. 기름진 땅은 곡식을 염두한 문예적 표현이다. 곡식은 가장 기초적이고 핵심적인 먹거리다. 이 먹거리가 생존의 열쇠다. 그가 이 먹거리를 땅에서 구하지 못한다면 그가 얻어야 할 방법은 오직 하나다. 그것은 남의 것을 얻거나 뺏는 것이다. 이것을 하나님은 40절에서 "너는 칼을 믿고 생활하겠고 네 아우를 섬길 것"이라고 표현했다. 살기 위해 그는

모세 소명 기사에서 하나님은 모세에게 "너는 바로에게 이르기를 여호와의 말씀에 이스라엘은 내 장자라"(출 4:22)라며 이스라엘을 장자로 표현한다.(필자 주: 이런 점에서 장자는 대표자의 의미를 지닌다. 하나님은 이 대표자를 통해 자신의 이름을 보존케 하셨다) // 학술논문. 윤형의, '창세기 족보에 나타난 장자권'(국회도서관) 2020. 초록 중.

동생의 것에 의존해야 하고 아니면 동생의 것을 완력으로 빼앗아야 한다는 것이다. 그의 인생이 얼마나 고되고 험난할 것인가를 엿보게 한다.

둘째, 에서는 하늘의 축복에서 멀어졌다. 실상 하나님 없는 인생은 가장 덧없는 인생이다. 그 삶은 알몸으로 시베리아 혹한의 벌판을 걷는 것보다 더 가혹하다. 러시아의 대문호 도스토에프스키 Dostoevski, 1821~1881가 4년 동안 수감되었던 시베리아 감옥을 두고 말한 '죽음의 집'보다 더 지독한 사망권세가 지배하는 어둠의 세상이다. 그런 인생이 에서의 인생으로 주어졌다.

그런데 에서의 불행은 그것으로 끝나지 않았다. 어떤 경우 우리 인생도 에서보다 더 심한 나락으로 추락할 수 있다. 그러나 열심을 다 해 살다 보면 그런대로 한세상 살만할 수도 있다. 삶의 조건들이 열악하다 해도 의지만 있다면, 전혀 예상치 못한 새로운 기회와 함께 다시 일어설 수 있다. 이것이 인생이다. 에서도 그럴 가능성이 왜 없었겠는가? 그러나 에서가 가진 불행의 씨앗은 이삭의 입술로 내려진 저주의 축복만이 아니었다. 그 저주로 인해 에서의 마음속에 심긴 미움과 살의가 더 큰 문제였다. 41절이 이를 증명한다.

"그의 아버지가 야곱에게 축복한 그 축복으로 말미암아 에서가 야곱을 미워하여 심중에 이르기를 아버지를 곡할 때가 가까웠은즉 내가 내 아우 야곱을 죽이리라 하였더니"

어느새 에서의 마음에 '미움'이 들어왔다. 그 미움은 야곱에 대한 것이었다. 영어성경ESV은 이것을 "Now Esau hated Jacob"으로 번역했다. 에서는 장자권을 가벼이 다룬 자신의 잘못에 대해선 어떤 언급도 하지 않았지만 오직 자신을 속인 야곱에 대해선 증오심에 불타올랐다.

여기에 아버지 이삭에 대한 섭섭함도 더해져 있다. 섭섭함은 곧 원망怨望, resentment이다. 원망은 미움으로 생긴 불평이자 적의다. 아버지에 대한 에서의 이 원망은 "그의 아버지가 야곱에게 축복한 그 축복으로 인하여" 생긴 것이다. 에서의 이 원망은 아버지의 죽음을 시사하는 것에까지 이어진다. "아버지를 곡할 때가 가까웠은즉"(41절 하). 아버지가 살아있는 동안에는 동생을 어찌할 수 없지만 아버지가 죽기라도 한다면 야곱에 대한 복수를 행할 것이라고 다짐한다. 미움이 원망을 낳고 원망이 복수심을 낳았다.

그것으로 끝나는 것인가. 아니다. 분노와 복수심에 사로잡힌 결과 그의 심중에는 야곱을 죽이고자 하는 살의殺意가 자라났다. 성경은 에서의 분노를 '아프'라는 히브리어로 기록했는데 이는 '격렬한 분노로 거친 숨을 몰아쉬는 상태'를 뜻한다. 이것은 정말 무서운 심중이다. 속담에 '속에다 칼을 간다'는 말이 시사하듯이 사람이 속에 악의를 품으면 복수심이 불타오르고 결국 그 복수심은 기어이 살인으로 이어진다. 한 사람의 인생에 살인의 그림자가 드리운다면 그는 벌써 이 땅에서 지옥의 삶을 사는 거다. 미움과 복수심은 어떤 방편으로든 드러난다. 이것을 속에 품고 사는 사람의 인생이 즐거울 리 만무하다.

"누구든지 악으로 선을 갚으면 악이 그 집을 떠나지 아니하리라"(잠 17:13)

술책과 번민

비록 축복을 받았다 하지만 야곱이라 하여 마음이 마냥 편한 것은 아닐 테다. 그의 마음은 복잡했다. 이게 다 양심 탓이다. 사람의 양심이라는 게 이리도 무서운 거다. 양심은 하나님이 특별히 만들어 주신 선을 쌓아둔 창고다. 아마 그 창고엔 종류별로, 사안별로,

시기별로 쓰이도록 각각 따로 싸둔 보자기로 가득할 것이다. 이른 바 양심은 '선善 보자기'다. 또 양심에는 악을 감지하는 센서가 달려 악한 마음을 품거나 악행을 실행할 때 즉시 작동하도록 설계되어 있다. 거짓말을 하거나, 다른 이를 속이거나, 훔치거나, 폭행을 하거나, 누명을 씌우거나, 함정에 빠트리거나, 근거 없는 비난을 하거나 등등 잘못을 했을 때 드는 부끄러움과 가책과 후회와 죄책감은 이 센서가 작동한 까닭이다. 센서가 가동된 양심은 용기를 내어 잘못을 범한 당사자에게 다가가 용서를 구한다. 간혹 이 센서의 작동이 마비된 사람은 용서를 구하는 일에 매우 둔감하다.

　이 사건이 있을 때까진 아마 쌍둥이 형제는 너나 할 것 없이 웃고 떠들고 같이 어울리며 놀며 즐거운 상상력으로 서로의 꿈을 이야기하면서 응원하고 격려했을 것이다. 대개 쌍둥이 형제 혹은 자매 혹은 남매는 생각뿐 아니라 행동의 패턴도 비슷하다고 한다. 그러나 이제 야곱에겐 형과 나누던 소소한 대화마저 사라졌다. 사냥을 마치고 집 앞의 언덕 위로 걸어 집으로 돌아오던 형의 늠름한 모습도 볼 수 없게 되었다. 에서의 얼굴에는 오직 분노가 스며 있었다. 야곱은 형이 무서워졌다. 사냥으로 다져진 온몸의 근육들이 분노의 기운으로 꿈틀거리는 것처럼 보였다. 굵은 손마디에 잡힌 화살이 금방 날아들 것 같았다. 그 화살로 얼마나 많은 들짐승을 잡아 아버지 이삭의 입맛을 돋우었는가. 그런 형의 의젓함에 비해 야곱 자신은 얼마나 초라했는가. 계집애처럼 천막 안에서 지내며 어머니 리브가의 시중을 들던 그였다. 반면에 에서는 훨씬 더 남자다웠다. 한 집안의 생계를 책임지는 가장이었다. 아버지 이삭을 극진히 봉양하는 효심이 가득한 맏아들이었다. 집안의 대소사는 거의 에서의 몫이었다. 그런 형에 대해 자신이 한 일이라곤 천막 안에서 교묘한 술책 하나를 골똘히 꾸며낼 뿐이었다. 만약에 인간마다 도덕과 윤리 점수를 매기는 평가 지표가 있다면 야곱은 거의 낙제점에도 미치지 못할 만큼 형편없는 위인이었다.

번민煩悶, anxiety이 스며들 때 마음의 평화는 사라진다. 주로 번민은 염려에서 기인한다. 염려는 마음속의 가시다. 번민은 그 가시에 찔림이다. 야곱의 잠자리는 번민으로 가득 찼다. 잠자리를 뒤척이는 것은 염려의 가시에 찔려 번민의 고통을 느끼기 때문이다. 염려를 치리하지 못하면 번민이 찾아든다. 염려를 믿음의 그릇 안에 담아 두지 못하면 접시에 담아 둔 산 낙지가 삐져나오듯 믿음의 그릇이 텅 비게 된다. 믿음의 그릇 안에는 늘 하나님의 보화가 가득해야 한다. 그러나 범죄는 이 모든 보화의 그릇을 낭비토록 한다. 염려와 번민은 이때부터 믿음의 자리를 대신한다. 야곱의 번민은 시커먼 먹구름에 가려진 달빛처럼 으스스했다.

누구보다 집안의 분위기가 심상치 않음을 감지한 사람은 리브가였다. 실상 이 모든 사태를 기획한 장본인으로서 리브가는 일종의 루저인 에서를 유심히 살필 수밖에 없었다. 그런 어느 날 리브가의 귀에 에서의 독백이 들렸다. "내 아우 야곱을 죽이리라"(41절)는 독백은 에서의 절규였다. 아들을 모르는 어머니는 없다. 리브가는 에서를 잘 알았다. 과묵한 에서가 이 정도의 결심을 했다면 이는 큰 사태를 예고하는 것임을 리브가는 본능적으로 눈치를 챘다.

리브가는 대책을 마련해야 했다. 그녀는 즉시 애지중지하는 야곱을 불렀다. 그리고 그에게 "네 형 에서가 너를 죽여 그 한을 풀려 한다"(27:42 하)고 사태의 심각성을 일깨웠다. 그리고 잠시 숨을 고른 다음 하나의 대책을 제시했다. 아마 이 대책은 이 사태를 처음 기획할 때부터 리브가의 심중에 있었던 것인지도 몰랐다. "내 아들아 내 말을 따라 일어나 하란으로 가서 내 오라버니 라반에게 피신하여 네 형의 분노가 풀리기까지 몇 날 동안 그와 함께 거주하라. 네 형의 분노가 풀려 네가 자기에게 행한 것을 잊어버리거든 내가 곧 사람을 보내어 너를 거기서 불러오리라"(43-45절) 하고 일렀다. 잠시 침묵이 흐르지 않았을까? 물론 성경은 여기서 멈추지 않고 바로 "어찌 하루에 너희 둘을 잃으랴"는 리브가의 말을 덧붙여 끝내고 있다. 그러나 집과 고향 땅을 떠나야 한다는 어머니의 말을 들은 야곱이 잠시 멈칫하지 않았다면 그것은 너무나 연극에 가까운 몸짓일 것이다. 리브가는 야곱이 몹시 당황하는 것을 알았다. 그래서 이 사태의 심각성을 다시 확인시키기 위해 야곱에게 형제 간의 피비린내 나는 활극의 결과가 무엇일지를 에둘러 표현한 것이다. "어찌 하루에 둘을 잃을 수 있으랴"는 에미의 처절한 호소를 어떤 자식이 외면한다는 말인가.

그러나 야곱을 먼 이국땅으로 보내려면 가장인 이삭의 윤허가 있어야 했다. 리브가는 여기서 또 한 번 번뜩이는 지혜의 여인으로 변신했다. 그녀가 준비한 묘안은 결혼의 문제였다. 쌍둥이 형제이지만 에서는 40세에 이르러 먼저 결혼을 했다. 그러나 그 결혼은 부모의 마음을 근심케 하는 일이었다. 왜냐하면 에서가 택한 여인은 아브라함의 자손이 아니라 이방족의 일원이었기 때문이다.

"에서가 사십 세에 헷 족속 브에리의 딸 유딧과 헷 족속 엘론의 딸 바스맛을 아내로 맞이하였더니, 그들이 이삭과 리브가의 마음에 근심이 되었더라"(26:34-35)

여기서 우리는 적어도 에서에 관하여 두 가지 사실은 추론할 수 있다. 에서는 다분히 육적인 소욕이 강한 자였다. 아마 그는 결혼

전까지 많은 여인에게 눈독을 들였을 것이다. 그가 여인을 택하는 기준에는 '약속의 자녀'라는 개념은 아예 삭제된 상태였을 것이다. 단지 그가 보기에 아름다운 여인이면 족했을 것이다. 그래서 그는 헷 족속의 여인을 골랐다. 이것만으로 이삭과 리브가에겐 충분한 모욕이었지만 에서의 욕정은 여기서 멈추지 않고 또 하나의 여인을 아내로 맞아들였다. 그 여인도 헷 족속이었다.

성경은 헷 족속의 이름이 가나안의 후손인 조상 '헷'(창 10:15, 대상 1:13)의 이름에서 유래했음을 알려준다. 기록에 의하면 그들은 이스라엘보다 먼저 가나안에 거주한 자들이다. 특히 헤브론지역(창 23:3-30)과 중앙 산지(민 13:29)가 그들의 거주지였다. 아브라함은 헷 족속에게 값을 치루고 막벨라 굴을 가족 매장지로 구입했다(창 23장). 이런 인연으로 아브라함의 후손과 헷 족속은 여러 경제적, 상업적 거래 관계로 끈이 닿아 있었으며 이스라엘과 헷 족속은 낯설지 않은 이웃이 되었다. 훗날 다윗은 그의 수하에 헷 사람 아히멜렉(삼상 26:6)과 우리아(삼하 11:3)를 두었고, 솔로몬은 헷 사람과 혼인 동맹을 맺고 헷 도시국가들과 무역을 했다(왕상 10:29, 11:1). 이런 점에서 헷 족속과 아브라함의 후손 간 결혼은 빈번했고 에서도 마찬가지였다.

그런데 에서의 행동에서 발견되는 또 하나의 문제는 자신의 결혼에 있어서 그가 부모의 동의를 구했다는 구절이 하나도 소개되지 않는다는 점이다. 에서는 독자적인 결정으로 결혼을 강행했다는 뜻이다. 왜 이런 일이 가능할까? 그것은 늙고 병든 아버지 이삭을 대신하여 장남인 에서가 집안의 가장이자 경제권을 책임졌기 때문으로 보인다. 한 집안에서 발언권이 제일 센 사람은 당연히 생계를 책임지는 사람이다. '돈 앞에 장사 없다'는 말은 그냥 하는 소리가 아니다. 실제로 돈의 위력은 상상하는 것보다 훨씬 더 세다. 에서는 그런 힘을 가진 자였다.

이제 야곱의 결혼문제가 남았다. 많은 부분에서 이삭과 리브가의 입장과 인생관이 다를 수 있었지만 오직 야곱만은 친족 중에서 아내를 맞이해야 한다는 점에서는 두 사람의 생각이 같았다. 그런데 지금 굉장한 위기가 닥쳤다. 리브가는 하루바삐 야곱을 피신시켜야 했다. 그녀는 야곱을 피신시킬 명분을 찾기 위해 골똘했다. 바로 그때, 리브가의 머리에 순간 좋은 아이디어가 떠올랐다. 그것은 바로 야곱의 결혼문제였다. 그녀는 즉시 이삭에게로 나아갔다. 참으로 오랜만에 부부간의 대화가 이루어졌다. 리브가는 남편을 향해 가장 따뜻한 목소리로 자신의 심경을 토했다.

"내가 헷 사람의 딸들로 말미암아 내 삶이 싫어졌거늘 야곱이 만일
이 땅의 딸들 곧 그들과 같은 헷 사람의 딸들 중에서 아내를 맞이
하면 내 삶이 내게 무슨 재미가 있으리이까"(46절)

에서의 결혼으로 인해 두 부부가 겪은 마음의 고충이 얼마나 심
했으면 리브가는 "내 삶이 싫어졌다"고 할 정도였다. 영어 성경^{ESV}
은 이를 'I loathe my life'로 번역했는데 'loathe'라는 단어는 일
반적으로 잘 사용되지 않는 단어다. 굳이 우리 말로 풀어쓰면 '꼴보
기도 싫다'에 해당한다. 얼마나 에서의 결혼이 못마땅했으면 이런
속내를 가졌을까.

생각이 같으면 나머지 일은 일사천리로 이어진다. 의외로 이삭의
반응이 빨랐다. 이삭은 즉시 야곱을 불렀다. 그리고 다시 한번 야
곱을 축복했다. 이렇게 하나님의 축복은 이미 축복받은 자에게 더
해진다. 인생의 이치가 그렇다. 사랑을 받은 자가 다른 이를 사랑할
수 있다. 은혜받은 자가 은혜를 나누고 축복을 받은 자가 축복을
곱절로 받는다. 비는 사막보다 초원과 바다 위에 더 자주, 많이 내
린다. 사막에는 물이 없어 하늘의 비를 끌어당기지 못하기 때문이
다. 물이 물을 끌어당기듯이 하나님의 은혜와 축복을 받은 사람이
더 많은 은혜와 축복을 받는 법이다. 예수님은 이것을 두고 축복에

서 제외된 사람은 "이미 있는 것도 빼앗기리라"고 비유했다.

이삭은 야곱에게 축복과 함께 당부의 말을 전했다. 이 말은 에둘러 말하지 않고 직접적으로 말했다directed는 것이며 이것은 권면이 아니라 명령이라는 뜻이다. 부성애와 모성애의 차이점이 여기에 있다. 아버지는 사랑을 속에 품고 어머니는 겉으로 나타낸다. 아버지는 자식을 강하게 키우기 위해 짐짓 감정을 절제하고 명령하지만 어머니는 애지중지, 금이야 옥이야 하고 달래며 으르고 모든 보살핌을 행한다. 자식은 어미에게 그저 새끼다. 그러나 가장으로서, 이삭은 리브가처럼 그를 나약한 모습으로 대할 수 없었다. 이삭은 야곱을 내쳐야 했다.

> "너는 가나안 사람의 딸들 중에서 아내를 맞이하지 말고, 일어나
> 밧단아람으로 가서 네 외조부 브두엘의 집에 이르러 거기서 네 외
> 삼촌 라반의 딸들 중에서 아내를 맞이하라"(28:1-2)

열 손가락 깨물어 아프지 않은 손가락이 어디 있으랴. 어쩔 수 없어 아들을 떠나보내기는 하지만 아들과의 이별은 아버지에게 큰 슬픔이다. 이삭은 아들의 마지막 얼굴을 바라보면서 다시 축복을 반복한다. 첫째, 하나님이 복을 주시기를 원했다. 세상이 주는 복은

허무한 것이다. 그러나 하나님이 주시는 복만이 영원하고 가치 있는 복이다. 둘째, 잘 사는 복이다. 생육하고 번성하는 복이다. 자손도 풍성하게 얻어 복락을 누리는 복이다. 셋째, 땅의 축복이다. 거주하는 모든 땅이 야곱의 소유가 될 것을 기원한다. 이 확신은 야곱이 아브라함의 후손이기 때문이다. 기억하는가. 아브라함을 앞에 불러 세운 다음 아버지 하나님이 그에게 하신 그 약속은 그와 더불어 체결한 언약이요, 그의 후손 모두에게 적용되는 언약이었다.

> "내가 너로 큰 민족을 이루고 네게 복을 주어 네 이름을 창대하게 하리니 너는 복이 될지라. 너를 축복하는 자에게는 내가 복을 내리고 너를 저주하는 자에게는 내가 저주하리니 땅의 모든 족속이 너로 말미암아 복을 얻을 것이라 하신지라"(창 12:2-3)

보라. 하나님의 약속이 어떻게 되었는가를. 지구상에서 가장 생육하고 번성하고 땅에 충만하고 땅을 정복한 백성(창 2:28)이 그 누구인가. 아브라함의 후손인 그리스도인들이다. 그리스도인들보다 지구상에서 큰 업적과 공로와 헌신을 다한 백성이 있는가. 그뿐인가. 지구상에서 가장 큰 복을 받고 이름이 창대한 자가 누구인가. 이 세상에서 아브라함의 이름을 모르는 자가 있는가. 아브라함의 위대함을 깎아내리는 자가 있는가. 아브라함으로 이어지는 복을 무시하고 그 복을 나는 받지 않아도 된다고 설치는 자가 있는가. 아브라함을 무시하고 하나님을 대적하고 자기들이 만든 신을 숭배하는 나라와 민족이 잘살고 복을 누리는 경우를 본 적이 있는가. 그보다 우리를 자부심으로 가득 차게 만드는 것은 또 있으니, 나는 아직도 나를 핍박하는 자가 내 앞에서 고개를 숙이고 만다는 것을 믿는다. 나는 나를 축복하고 나를 선대하는 분이 좋은 인생을 산다는 사실을 굳세게 증언할 수 있다.

(주: 사랑하는 형제자매 여러분, 사나 죽으나 우리가 아브라함의 후손임을 잊지 맙시다. 이 사실 하나만으로도 우리는 하나님이 주시는 모든 축복을 받은 자임을 명심합시다!)

이별

온밤을 뜬눈으로 지낸 야곱은 아침 일찍 봇짐을 쌌다. 혹여 형이 눈치라도 챌까 봐 조심스럽게 움직였다. 드디어 아침을 먹고 난 에서가 들판으로 사냥을 나갔다. 바로 그때였다. 야곱은 얼른 천막을 벗어났다. 아버지, 어머니의 배웅조차 받지 못하는 이별이었다. 야곱의 눈에 이슬이 맺혔다. 브엘세바의 언덕을 넘어가면서 마지막으로 고향 집을 되돌아보았다. 아마 지금쯤 어머니는 울고 있을 것이다. 야곱은 속으로 부모님의 안부를 위해 기도했을 것이다. 그리고 곧 다시 뵙게 되기를 소원했을 것이다. 그러나 이 여정이 그들의 마지막 이별이 될 줄은 아무도 예상하지 못했다. 훗날 알게 되지만 금방 돌아올 줄 알았던 이 떠남은 20년이라는 세월에 갇히고 말았다. 그로 인해 야곱은 그리운 부모님의 죽음조차 상면치 못하였다.

　한편으로 야곱의 마음은 두 가지 상태로 갈라졌다. 우선은 형의 진노로부터 벗어난 안도감이었고 다른 하나는 생면부지의 이국땅으로 향하는 두려움이었다. 그러나 이삭과 리브가의 명에 따라 야곱은 외삼촌이 사는 하란 땅을 향해 가야 했다. 이 장면은 조부 아브라함의 여정과 너무 흡사하다. 소위 '집안 내력'이라는 게 있는데 가족의 닮은 점은 얼굴이나 신체적 특징에만 나타나는 것이 아니라 인생의 이력까지 겹치는 사례가 허다하다. 아브라함도 갈대아 우르를 떠나 가나안 땅으로 나아올 때 "갈 바를 알지 못하고"(히 11:8)라고 했듯이 야곱의 여정도 조부가 겪은 삶의 이력을 답습하고 있는 것이다.

　여기서 잠깐, 야곱이 떠난 뒤 형 에서는 어떻게 되었을까. 우리의 궁금증을 풀기라도 하는 듯 성경은 이때의 에서에 대해 짧은 소식

하나를 전한다.

> "에서가 또 본즉 가나안 사람의 딸들이 그의 아버지 이삭을 기쁘게
> 하지 못하는지라. 이에 에서가 이스마엘에게 가서 그 본처들 외에
> 아브라함의 아들 이스마엘의 딸이요 느바욧의 누이인 마할랏을 아
> 내로 맞이하였더라"(창 28:8-9)

이 장면에서 언뜻 에서의 조급함이 스친다. 뒤늦게 자신의 결혼
이 부모님의 마음을 아프게 한 것을 눈치챈 것인가. 그는 부모님의
마음을 되돌리기 위해 또 하나의 예상치 못한 행보를 보인다. 그것
은 세 번째의 결혼이었다. 그 대상은 아브라함이 하나님의 약속을
기다리지 못하고 애굽 여인 하갈과의 사이에서 낳은 이스마엘 가
문에 속한 여인이었다. 에서는 이 정도 집안이면 이제 부모님이 자
신의 결혼을 인정해 줄 것이라 기대했을 것이다. 그러나 성경은 그
가 세 번째 결혼을 했다는 보도 이외 어떠한 언급도 하지 않고 사
실관계만 보도한다. 하나님도, 이삭도, 리브가도 이에 대해 한 마디
도 거들지 않는다. 무엇 때문일까? 성경은 구속사 이외의 일에 관
심을 두지 않는다.

브엘세바[4]에서 밧단아람까지의 여정은 도보여행치고는 매우 험

---

4 네게브지방에 위치한 종교적 중심지로 성경에선 이스라엘을 가리킬 때 "단에서부터 브엘세바까지"

난한 여정이다. 직선거리로는 700km이지만 굽은 길을 감안하면 약 1천 km를 상회하는 거리이다. 무엇보다 야곱의 나이가 만만치 않았다. 성경 연구가들은 이때 야곱의 나이를 70대 중, 후반으로 셈한다. 그가 147세에 죽었다는 것을 염두하면 그는 이미 인생의 절반을 산 셈이다. 지금의 80-90세 인생과 비교하면 40대쯤 되는 젊은 연령이지만 예나 지금이나 70년 인생의 체력을 아무리 좋게 보아도 강건한 상태라고 보기는 어려울 것이다. 아마 중간중간에 많은 휴식이 필요했을 것이다.

그 휴식처 하나가 성경에 소개되고 있다. 그곳은 야곱 자신이 이름 붙인 '벧엘'(하나님의 집)이다. 브엘세바에서 약 80여 km 떨어진 거리다. 여기서 상기해야 할 사실이 하나 있다. 옛날 아브라함은 아들 이삭을 번제로 바치기 위해 브엘세바에서 출발하여 모리아산까지 약 80km의 거리를 3일 동안 걸어갔다. 그런데 야곱은 벧엘까지 약 80km의 거리를 거의 한나절 만에 도착한 것으로 보인다. 성인 한 명의 걸음으로 빨리 걸어도 하루에 2-30km면 족하다. 오늘날 마라토너들이 42.195km를 달리는데 대략 2시간 초반 정도의 시간이 걸리는 것을 감안하고서라도 80km를 쉼 없이 달린다고 치면 4시간 이상 족히 소요된다. 그런데 마라토너도 아닌 야곱

(삿20:1, 삼상3:20, 왕상4:25) 로 부른다.

이 어떻게 이 먼 거리를 한나절 만에 도착할 수 있었다는 말인가. 해답은 모호하다. 그저 기적적인 일일 것이다. 혹은 거리 측정이 틀렸거나, 창 28장이 기록하는 벧엘이 이후 역사에 나타나는 벧엘과 다른 지역 이름일 수도 있다. 이도 저도 아니라면, 야곱은 형의 추격을 피해 죽을 힘을 다해, 뒤도 돌아보지 않고, 조금도 쉬지 않고, '걸음아 나 살려라'고 달리고 달렸다고 생각할 수밖에 없다. 혹여 사도 바울이 70세 후반에 도달한 노인(?) 야곱의 달음박질에서 영감을 얻었을까? 그의 삶은 달음박질하는 삶이었다.

> "생명이 말씀을 밝혀 나의 달음질이 헛되지 아니하고 수고도 헛되지 아니함으로 그리스도의 날에 내가 자랑할 것이 있게 하려 함이라"(빌 2:16)

> "푯대를 향하여 그리스도 예수 안에서 하나님이 위에서 부르신 부름의 상을 위하여 달려가노라"(빌 3:14)

꿈

야곱은 달렸다. 얼마나 놀란 가슴을 안고 아침부터 열심히 달렸으면 해 질 무렵에 벧엘에 당도했다. 이때쯤 야곱은 피곤이 쏟아졌을 것이다. 눕자마자 잠에 곯아떨어졌을 것이다. '돌을 가져다가 베개로 삼았다'는 것은 집안이나 동굴이나 잔디밭은 적어도 아니라는 것을 나타낸다. 야곱의 잠자리는 그냥 들판이었을 것이다. 혹시 상수리나무 아래의 한 자리를 차지하고 돌 베개를 삼았다면 좋은 안식처가 되었으리라.

여기서 창세기는 야곱의 인생에서 가장 중요한 하나의 사건을 우리에게 소개한다. 그것은 바로 야곱의 꿈 이야기이다(창 29:10-22). 결론적으로 말하자면 야곱은 이 꿈 하나로 인생이 180도로 달라졌다. 이 야곱의 꿈은 새로운 인생의 전환점이 되었다. 성경에 기록된 이 꿈 이야기는 8개의 내용으로 구성되어 있다.

1. 꿈에 본즉 사닥다리가 땅 위에 서 있는데 그 꼭대기가 하늘에 닿았다.

2. 또 본즉 하나님의 사자들이 그 위에서 오르락 내리락 했다.

3. 또 본즉 여호와께서 그 위에 서서 이르시되 "나는 여호와니 너의 조부 아브라함의 하나님이요 이삭의 하나님이라"고 말씀하셨고,

4. "네가 누운 땅을 내가 너와 네 자손에게 줄 것"이라 하셨고,

5. "네 자손이 땅의 티끌같이 되어 네가 서쪽과 동쪽과 북쪽과 남쪽으로 퍼져 나갈 것" 이라 하셨으며,

6. "땅의 모든 족속이 너와 네 자손으로 말미암아 복을 받으리라",

7. "네가 너와 함께 있어 네가 어디로 가든지 너를 지키며 너를 이끌어 이 땅으로 돌아오게 할지라",

8. "내가 허락한 것을 다 이루기까지 너를 떠나지 아니하리라"고 약속하셨다.

무엇보다 야곱의 사닥다리 꿈은 구약에서 최초로 등장하는 '은혜 구원'에 관한 예표적 사건으로서 그 중요성을 가진다. 사닥다리는 하늘과 땅의 연결을 시사한다. 리고니어 미니스트리의 창립자인 R. C. 스프로울 목사는 창세기 강해를 통해 "야곱의 사다리Jacob's Ladder는 이 세계에서 초월적인 저 세계로 가는 하나의 접촉점"이라 해석했다. 이 꿈 이야기를 단순한 개인적 차원이 아니라 두 세계

의 연결이라는 해석했다는 점에서 의미가 있다. 다만 구속사적 입장에서 본다면 이 꿈 이야기는 새로운 차원에서 우리의 관점을 요한다.

사닥다리는 야곱이 만든 것이 아니다. 인간은 그 누구도 자신이 만든 사닥다리를 통해 하늘로 오를 수 없다. 그런 사닥다리를 만드는 것 자체가 불가능하다. 야곱이 꿈에 본 사닥다리는 하늘에서 내려와 땅에 닿았다. 하늘에서 내려오지 않으면 아무도 하늘로 오를 수 있는 사닥다리를 제작할 수 없다. 구속사적인 점에서 이것은 땅의 인간은 하나님이 통로를 만들어 주시지 않는 이상 하늘로 갈 수 없다는 것을 분명히 해 준다. 인간은 스스로 하늘에 오를 수 없다. 오직 하나님의 은혜에 의해, 하나님이 직접 길을 열어 주셔야만 하나님에게로 갈 수 있다.

꿈을 통해 야곱은 인간의 무능력을 보았다. 하늘에서 내려온 사닥다리가 아니면 아무도 하늘로 오를 수 없음을 깨달았다. 여기서 야곱은 모든 주권이 하나님에게 있음을 깨달았을 것이다. 그는 지금까지 자기 지혜와 능력을 믿고 모든 일을 계획하고 실행했다. 자기 힘으로 장자권을 취하기 위해 모든 수법을 강구하고 시행했다. 결국 그는 형과 아버지를 속이고 장자권을 탈취했지만 그 결과 도

망자 신세가 되었다. 촘촘한 별들이 그물처럼 엮여져 있는 어둠의 하늘을 바라보며 야곱은 처음으로 진지하게 자기 인생을 되돌아보며 자신이 결과적으로 실패자가 되었음을 뼈저리게 느꼈을 것이다.

　바로 그때 하나님이 나타나시었다. 아마 하나님은 지금이 야곱의 인생을 180도로 바꾸기 위한 절호의 기회라고 생각하신 듯하다. 대개 하나님에게로 방향을 전환한 사람들의 경우가 이와 비슷한 경험치를 갖는다. 세상에서 성공적인 삶을 구가할 때는 하나님이 보이지도 않고 생각나지도 않는다. 그 사람에게서 하나님이 멀리 떨어져 계시기 때문이다. 그러나 완전한 실패자일 때 절망과 회한의 동굴 속에 갇혀 죽고자 할 때, 거의 인생의 막바지라 여길 때, 바로 그때 하나님의 부르심을 듣는다. 그 부르심으로 희한하게 교회 첨탑의 십자가 불빛이 눈에 들어온다. 마침 그 순간에 옆자리에 놓인 성경을 바라보고 그것을 펼쳐본다.

　어거스틴Augustine, 354-430이 그러했다. 간밤에 곤드레만드레 술에 취해 다음 날 대낮에 겨우 정신을 차린 그였다. 그때 친구가 찾아왔고 그와의 대화를 잠시 중단한 다음 머리를 식히기 위해 그가 머물던 숙소의 정원으로 나왔는데 그때 어거스틴의 귀에 "집어 읽으라"(톨레 레게)라는 옆집 아이의 노랫소리가 들려 자기도 모르게 옆에 있던 성경을 무심코 펼쳤더니 로마서 13장 13, 14절의 말씀("낮에와 같이 단정히 행하고 방탕하거나 술 취하지 말며 음란하거나 호색하지 말며 다투거나 시기하지 말고, 오직 주 예수 그리스도로 옷 입고 정욕을 위하여 육신의 일을 도모하지 말라")이 눈에 띄어 그것을 읽었다. 그리고 그는 순간적으로 그의 마음에 하나님의 빛이 비추어졌음을 느꼈다. 그 이후 그는 완전히 다른 사람이 되었다. 이것은 참으로 신비한 일이다. 하나님은 도무지 이해할 수 없는 하나님만의 방식으로 한 사람의 인생을 완전히 바꾸신다.

야곱도 그랬다. 그는 이 꿈을 기점으로 완전히 다른 인생을 살게 된다. 그는 인간의 행위가 허사라는 사실을 드디어 깨달았다. 이제 그는 하나님을 만났고 모든 일을 하나님의 주권 아래로 가져가 무엇을 하든 하나님의 뜻과 계획을 앞세우고, 하나님을 위해, 하나님과 함께 살 것을 다짐한다. 꿈을 꾼 뒤 달라진 야곱의 가치관과 행동과 그 서원을 보라.

1. 이것은 다름 아닌 하나님의 집이요 하늘의 문이라고 고백했다.

(해설) 야곱은 드디어 모든 세상이 하나님의 집임을 알게 되었다. 그리고 땅의 인간은 반드시 하나님이 계신 하늘로 돌아가야 하고

하늘로 돌아가기 위해 반드시 하늘의 문을 통과해야 함을 알게 되었다.

2. 아침에 일찍이 일어나다.

(해설) 그리고 그는 아침의 사람이 되었다. 이 이전에 야곱이 아침에 일찍 일어났다는 기록이 없다. 하나님의 사람의 새로운 인생은 이렇게 아침, 더 정확하게 말하면 새벽의 시간과 함께 시작된다. 그러므로 야곱이 "아침에 일찍 일어났다"는 말은 야곱의 새로운 인생이 시작되었다는 말이 된다.

3. 베개로 삼았던 돌을 가져다가 기둥으로 세우고 그 위에 기름을 붓다

(해설) 특이한 것은 돌기둥을 세우고 그 위에 기름을 부었다는 것이다. 알다시피 기둥은 장소의 중요성을 기리기 위한 표지석이자 증거의 표시이다. 나중에 다시 이곳을 방문했을 때 그 장소를 기억하기 위함이다. 그는 외삼촌 라반과 언약을 맺을 때에도 돌기둥을 세웠고(창 31:45), 밧단아람에서 돌아올 때 다시 이곳을 들러 돌기둥을 세우고 기름을 부었다(창 35:14). 기름을 부은 것은 성별의 의식이다.

"또 관유를 가져다가 성막과 그 안에 있는 모든 것에 발라 그것과 그 모든 기구를 거룩하게 하라 그것이 거룩하리라. 너는 또 번제단과 그 모든 기구에 발라 그 안을 거룩하게 하라 그 제단이 지극히 거룩하리라. 너는 또 물두멍과 그 받침에 발라 거룩하게 하고, 너는 또 아론과 그 아들들을 회막문으로 데려다가 물로 씻기고 아론에게 거룩한 옷을 입히고 그에게 기름을 부어 거룩하게 하여 그가 내게 제사장의 직분을 행하게 하라"(출 40:9-13)

1. 그곳 이름을 벧엘이라 부르다.

(해설) 그는 자신이 꿈을 꾸었던 곳을 '하나님의 집'이라 불렀다. 그래서 이곳의 이름은 자동적으로 '벧엘'(베트=집, 엘=하나님)이 되었다. 이제 '벧엘'은 야곱의 인생에서 새로운 고향이다. 새로운 출발 지점이자 정착지이며 목표지이다. 왜냐하면 '벧엘'은 '하나님의 집'이기 때문이다. 모든 하나님의 자녀가 돌아가야 할 곳이 바로 이 집이다. 근원으로 돌아가서 이야기하자면 모든 하나님의 자녀의 출생지는 원래 하늘에 있는 하나님의 집이다. 이 땅과 세상은 잠시 육신의 삶을 의지했다가 정한 때가 되어 다시 돌아갈 뿐이다.

5. 십일조를 서원했다. "하나님이 나와 함께 계셔서 내가 가는 이 길에서 나를 지키시고 먹을 떡과 입을 옷을 주시어 내가 평안히 아버지 집으로 돌아가게 하시오면 여호와께서 나의 하나님이 되실

것이요 내가 기둥으로 세운 이 돌이 하나님의 집이 될 것이요, 하나님께서 내게 주신 모든 것에서 십분의 일을 내가 반드시 하나님께 드리겠다"

(해설) 야곱의 십일조 맹세는 아마 조부인 아브라함의 사례에서 배운 것일 것이다. 그러나 여기서 우리는 야곱에게서 초기 신앙의 흔적을 발견한다. 신앙은 하나님과의 거래가 아니다. 어떤 조건을 내걸고서 하나님과 계약을 맺는 것도 아니다. 그러나 믿음은 하루 아침에 강건해지지 않는다. 믿음은 자라야 한다. 하나님을 의지하고 신뢰하면서 기도와 함께 동행하고 말씀의 양육을 받으며 하나님에 대한 지식을 쌓으면서 장성한 믿음의 분량에 이르는 것이다. 그 장성함의 표징은 자기 소유의 것을 하나님의 것으로 인정하고 드리는 일에서 발견된다. 신앙생활에 있어서 헌금의 중요성은 아무리 강조해도 지나치지 않다.

위로부터의 은혜와 변화

야곱의 사닥다리 꿈은 인생의 근본적인 변화는 '위로부터' 오는 하나님의 은혜를 맛보아야 한다는 당연한 원리를 이야기한다. 하나님이 만드신 사닥다리만이 땅에 닿는다는 말은 인간의 유한성과 제한적인 능력을 상징적으로 보여준다. 특별히 이것은 구원의 가장 핵심적인 원리를 계시한다. 땅에 있는 모든 인간은 한 사람도 예외 없이 죄인이다. 이 죄인은 땅에서 나서 땅으로 돌아갈 뿐이다. 그런데 하나님에 의해 구원의 길이 열렸다. 하늘로 가는 길이 뚫렸다. 그 길은 하늘에서 내려온 것이다. 그 위로부터 특별한 은혜의 빛으로 새로운 능력이 생기고 새로운 마음이 창조된 것이다. 이 사람을 우리는 '하나님의 사람' 혹은 '거듭난 사람' 혹은 '새로운 피조물'이라 부른다. 당신은 '위로부터' 오는 하나님의 은혜의 선물을 받았는가. 그리하여 새롭게 태어나 새로운 인생을 살고 있는가.

이야기 둘. 다락방 사람들

"오순절 날이 이미 이르매 그들이 다 같이 한곳에 모였더니, 홀연히 하늘로부터 급하고 강한 바람 같은 소리가 있어 그들이 앉은 온 집에 가득하며, 마치 불의 혀처럼 갈라지는 것들이 그들에게 보여 각 사람 위에 하나씩 임하여 있더니, 그들이 다 성령의 충만함을 받고 성령이 말하게 하심을 따라 다른 언어들로 말하기를 시작하니라" (행 2:1-4)

남은 사람들

부활하신 후 예수님은 제자들과 함께 40일을 지상에서 보내시었다. 그러나 제자들은 여전히 미숙했다. 예수님의 공생애의 목적에 대한 깊은 이해가 없었다. 그들은 여전히 하나님 나라보다 이스라엘의 회복에 관심을 두고 있었다.

> "그들이 모였을 때에 예수께 여쭈어 이르되 주께서 이스라엘 나라를 회복하심이 이때이니까 하니"(행 1:6)

이런 제자들의 모습에 주님은 더 이상 놀라지도 않으신 모양이다. 우리 같으면 '언제나 철이 좀 들까'하고 개탄할 수도 있지만 주님은 제자들을 꾸짖거나 충고하지도 않으셨다. 자신이 십자가에 달려 죽으심으로 인류의 죄값을 치르고 구원의 길을 열어 하나님 나라에 가도록 하였음에도 제자들은 여전히 하나님 나라에 가는 것보다 자신의 조국인 이스라엘의 독립을 더 소망했다. 주님은 이미 이들이 땅에 속한 자의 한계를 지닌 자들임을 부인하지 않으셨다.

> "예수께서 이르시되 너희는 아래에서 났고 나는 위에서 났으며 너희는 이 세상에 속하였고 나는 이 세상에 속하지 아니하였느니라"(요 8:23)

그렇지만 주님은 말귀를 알아듣지 못하는 제자들이지만 그들을 계속 가르쳐야 했다. 죽어서도 편한 날들을 보내지 못하는 주님을 보라. 어쩌면 우리는 하루도 주님을 마음 편히 쉬도록 평안을 드리지 못할까.

> "이르시되 때와 시기는 아버지께서 자기의 권한에 두셨으니 너희가 알 바 아니요 오직 성령이 너희에게 임하시면 너희가 권능을 받고 예루살렘과 온 유대와 사마리아와 땅끝까지 이르러 내 증인이 되리라 하시니라"(행 1:7-8)

이 말씀에서 우리는 예수님과 제자들의 관심 사항이 이리도 다른 것인지를 확인하게 된다. 3년의 세월을 촌음을 아끼며 가르치고 양육하며 정성을 다해 길렀던 제자들이건만 이리도 변화가 없다는 말인가! 꼭 그런 것은 아닐 테지만 예수님은 이 말씀을 마지막으로 하늘로 올라가시는데(1:9), 어쩐지 예수님의 실망하신 얼굴이 오버랩된다.

이를 대변이라도 하듯, 갑자기 승천하시는 예수님을 바라보던 제자들을 향해 '흰옷 입은 두 사람'이 제자들에게 나타난다. 그런데 그들은 제자들을 향해 '사랑하는 제자' 혹은 '사도들' 혹은 '하나님의 사람들'이라 부르지 아니하고 '갈릴리 사람들아'라고 부른다. 그냥 촌티가 묻어나는 토속적인 별칭이 아니고 무엇인가. 왜 두 천사는 이들을 갈릴리 촌놈이라 했을까. 아마 주님이 가시는 그날까지 주님의 뜻을 헤아리지 못하는 것에 대한 질책의 의미는 아닐까.

다락방

예수님의 승천 이후 남은 사람들은 마가의 다락방으로 모이기 시작했다(행 1:13). 베드로를 비롯한 사도들과 여자들과 예수의 어머니 마리아 및 예수의 동생들, 그리고 예수의 부활과 승천을 목격한 500여 명 중 끝까지 남은 자들을 합하여 120명에 달했다. 그들의 마음은 오직 하나였다. 예수님이 약속하신 보혜사 성령님을 기다리는 마음뿐이었다. 그들은 쉬지 않고 기도하고 또 기도했다(행 1:14). 과연 이들은 성령님이 누구이신지, 또 어떤 분이신지를 알고 있었을까? 분명한 것은 성령님에 대해 지금과 같은 신학적 지식은 없었을 것이다. 오직 한 가지 유추할 수 있는 것은 그들의 믿음만은 우리를 능가했을 것이다. 주님이 약속한 것을 기다리라 했으므로 그냥 기다리는 것이다. 주님의 말씀이므로 그대로 믿는 믿음보다 더 굳세고 확실한 믿음은 없다.

기다리는 동안 사람들은 기도만 한 것이 아니었다. 여기서 우리는 그동안 감추어졌던 베드로의 능력 있는 설교 한 편을 듣게 된다. 베드로는 더 이상 자연인이 아니었다. 그는 예수님이 아끼던 제자 중의 제자였다. 그러나 그 사실은 증명되어야 했다. 그런데 지금 가장 시급한 현안이 있었다. 이 일을 처리해야 할 시점이 되었다. 아마 사람들은 베드로를 바라보며 "당신이 이 문제를 처리해야 하잖소?"라고 눈짓을 했을지도 모른다. 그것은 바로 예수를 팔아넘긴 가룟 유다 대신에 남은 12 사도의 빈자리 하나를 채우는 일이었다.

알다시피 눅 22:3은 유다를 가리켜 '열둘 중의 하나'로 언급한다. 열둘이란 수는 이스라엘 열두 지파와 관련하여 상징적으로 중요한 의미를 가진다[5]. 이런 사도적 의미는 성령이 오시기 전까지 반드시 온전하게 다시 회복되어야 한다. 이는 사 32:15가 성령이 이스라엘을 회복할 것을 예언하고 12 사도가 이스라엘을 모형적으로 대표하기 때문이다. 이것은 이스라엘의 회복이 성령이 부어진 일로 시작되며, 이방인들을 포함할 것을 보여준다.

"그 후에 내가 내 영을 만민에게 부어 주리니 너희 자녀들이 장래 일을 말할 것이며 너희 늙은이는 꿈을 꾸며 너희 젊은이는 이상을

---

5 "너희로 내 나라에 있어 내 상에서 먹고 마시며 또는 보좌에 앉아 이스라엘 열두 지파를 다스리게 하려 하노라"(눅 22:30)

볼 것이며, 그대에 내가 또 내 영을 남 종과 여 종에게 부어줄 것이
며, 내가 이적을 하늘과 땅에 베풀리니 곧 피와 불과 연기 기둥이라.
여호와의 크고 두려운 날이 이르기 전에 해가 어두워지고 달리 핏
빛같이 변하려니와, 누구든지 여호와의 이름을 부르는 자는 구원을
얻으리니 이는 나 여호와의 말대로 시온 산과 예루살렘에서 피할
자가 있을 것임이요 남은 자 중에 나 여호와의 부름을 받을 자가 있
을 것임이니라"(욜 2:28-32)

지금이 바로 열두 사도를 회복할 그때다. 이 일은 자연스럽게 맏
형인 베드로에게 일임되었다. 베드로가 잠시 숨을 고른 뒤 자리에
서 일어나 입을 열었다. 그는 유다의 일을 말하면서 유다의 멸망이
시편의 예언[6]대로 되었음을 설명했다. 어느새 갈릴리 어부에 불과
했던 베드로가 시편을 비롯해 구약성경에 밝은 지식의 소유자가
되었다는 것이 놀라울 뿐이다.

여기서 성경 기자는 ( )안에 하나의 기록을 삽입해 놓고 있다
(1:18-19). 괜한 성경의 기록은 없으므로 살펴보아야 한다.

1. 불의의 삯으로 밭을 샀다.
~ 유다가 대제사장들과 장로들에게 돈(은전 30/마 26:15)[7]을 돌

---

6 그들의 거처가 황폐하게 하시며 그들의 장막에 사는 자가 없게 하소서
7 액 120 데나리온에 해당한다(마 20:2).

려주었을 때 그들은 토기장이의 밭을 사서 나그네의 묘지로 삼았다.

2. 몸이 곤두박질하여 배가 터져 창자가 다 흘러나왔다.

~ 마태는 유다가 '스스로 목매어 죽었다'고 기록했다(마 27:5). 목을 매단 지 얼마 후에 몸이 부풀어 올라 땅으로 떨어진 뒤에 깨어졌을 것으로 본다. 이것은 유다가 정죄당했음을 보여주는 극명한 사례이다.

3. 피 밭(아겔다마)

~ 사람들은 이 값이 예수의 피로 치룬 돈으로 산 것이라는 의미를 담아 '피 밭'으로 불렀다. 이로써 유다가 간접적으로 밭을 사게 된 것을 시사한다. 참고: 마 27:5-8

이로써 새로운 제자 맛디아가 12 사도의 자리를 메웠다. 이후 사도들은 신약시대의 교회 안에서 특별한 직분을 임명받아 교회의 기반을 다지는 일에 최선을 다했다. 나아가 '사도'apostle, 아포스톨로스라는 이름의 뜻대로 복음을 온 천하에 실어나르는 자로 택함을 받아 모두 복음을 땅끝까지 전하다가 생을 마감했다.

오순절Pentecost

드디어 예수님이 약속하신 성령이 오시는 날이 다가왔다. 구약성경에서 '오순절'은 구약의 3대 절기(유월절, 수장절, 칠칠절)[8]중 하나인 '칠칠절'(출 34:22, 신 16:9-11)에 대한 헬라식 이름이다. 이날은 유대력에서 일곱 안식일을 가리키며 특별히 요제(레 23:15, 17, 20)와 소제(16절), 그리고 전제와(18) 번제(18), 및 화제(18)와 속죄제(19), 화목제(19) 등 명령된 모든 제사를 드리는 날이다.

> "안식일 이튿날 곧 너희가 요제로 곡식단을 가져온 날부터 세어서
> 일곱 안식일의 수효를 채우고, 일곱 안식일 이튿날까지 합하여 오십
> 일을 계수하여 새 소제를 여호와께 드리되, ~ 이날에 너희는 너희
> 중에 성회를 공포하고 어떤 노동도 하지 말지니 이는 너희가 거주하
> 는 각처에서 대대로 지킬 영원한 규례니라"(레 23:15-16, 32)

원래 유대인의 오순절은 시내산에서 율법을 주신 것을 기념하고 축하하는 절기였다, 이후 고대 이스라엘의 축제 가운데 하나로 팔레스타인에서 밀 수확기 끝 무렵에 '처음 익은 열매를 드리는 날'(민 28:26)로 거행했던 추수감사절이기도 했다. 다른 이름으로는 '맥추

---

8 유월절이 먼저이고(레 23:4-8, 민 28:16-25), 4개월 후에는 초막절이 뒤따랐다(레 23:33-43, 민 29:12-38). 오순절은 유월절에서 7주가 지난 후, 안식일 다음날에 드려졌다.

절'(출 23:16)이라 한다. 이날에는 누룩 없는 빵을 바치는 무교절과는 달리 일상생활에서 흔히 쓰는 누룩 있는 빵을 봉헌한다.

　그런데 신약에서 오순절은 예수님의 부활로부터 50일이 되는 날로서 예수님이 약속하신 성령이 강림하신 말이다. 사도행전 2장의 오순절 사건에는 두 요소가 내포되어 있는데, 하나는 예수께서 성령을 주시겠다고 하신 약속(눅 11:12, 행 1:8)이며, 다른 하나는 욜 2:28-32의 성취다. 예수님은 부활하신 후 제자들에게 또 다른 보혜사인 성령을 기다릴 것을 말씀하시고 승천하셨는데(행 1:4-9), 약속대로 오십일이 되는 날에 성령께서 강림하셨다. 이로써 구약의 시대가 종료되고 새로운 시대, 즉 교회의 시대가 개막되었으며, 하나님은 각 사람에게 성령의 은사를 부어주셨고, 그와 함께 사도들은 힘차게 복음을 전파하기 시작했다.

　성령강림

　신학적으로 성령의 강림은 새로운 시대, 즉 구약의 예언 중심의 시대가 아니라 신약의 예언 성취의 시대이자 새로운 신약교회의 시대가 열린 점에서 특별한 사건이다. 그러므로 성령강림은 신약교회의 탄생일이자 복음 시대의 출발점이다. 이를 위해 성령님이 친히 강림하신 것이다.

그런데 여기서 우리는 성령강림에 대한 누가의 특별한 묘사를 눈여겨본다. 이 장면은 인류 역사상 가장 아름다운 광경이자 구원사에 있어서 완전히 새로운 차원이 우리에게 열리는 극적인 순간이다. 누가는 바로 이 점을 의식하고 성령의 강림을 최고의 영감과 문예적 창작력을 동원하여 기록으로 남겼다. 무엇보다 이 성령의 강림에 대한 올바른 해석은 바른 신앙과 신학을 정립하는 데 매우 중요한 시금석이기도 하므로 이를 조심스럽게 다루어야 한다. 왜냐하면 교회사에서 성령강림을 잘못 해석하는 오류들이 다반사로 행해졌기 때문이다. 20세기 미국에서 출현한 오순절파 등이 대표적이다. 이들은 성령의 강림을 구속사적 차원에서 다루지 않고 개인적 차원으로 격하시켜 마치 지금도 이 같은 성령의 강림이 반복되는 것처럼 호도하여 참된 신앙을 변질시키고 교회의 타락을 야기시켰다.

무엇보다 오순절 성령강림은 구속사 속에서 그리스도의 탄생만큼이나 중요한 의미를 지니는 획기적인 사건이다. 구속사의 주인공은 예수 그리스도이시다. 그러므로 성령강림이 예수 그리스도의 구속 사역과 어떤 연관이 있는가를 최우선으로 살펴야 한다. 오순절에 성령을 보내신 분은 그리스도이시다. 세례 요한은 물로 세례를 주던 자기와 대조시켜 그리스도를 "성령으로 세례를 주시는 분"(요 1:33)으로 묘사했다. 이 예언은 오순절에 성령이 강림함으로써 성취되었다. 베드로도 그리스도를 증거하기 위해 성령의 오심을 증언했고, 바울도 그리스도를 "살려주는 영"(고전 15:45)으로 묘사했다. 따라서 오순절의 사건은 그리스도 사역의 성취라는 관점에서 파악되어야 한다. 즉 오순절에 오신 성령은 부활하신 그리스도의 영이시며 승귀昇歸하신 그리스도의 불가견적不可見的 현현이시다. 이런 의미에서 성령의 은사 역시 교회를 위해 선물하시는 하나님의 은혜다.

한편으로 오순절 성령강림은 새로운 신약교회의 탄생이라는 점에서 역사적 의의가 크다. 이로 말미암아 하나님의 새 언약 공동체요 그리스도의 몸이자 하나님의 거하실 처소요 성전인 교회가 설립되었다(고전 3:16, 엡 2:22). 무엇보다 구속사 속에서 오순절 성령의 강림은 그 의미나 성격상 번복되거나 반복될 수 없는 단회적 사건으로 역사적 의의가 있다. 이 '단회성單回性'에 대한 올바른 이해가 없는 경우에 많은 오류가 일어난다. 20세기 말에 일어난 오순절 은사주의자들은 이 사건을 보편화시켜 지금도 동일한 성령의 강림을 고대한다. 이들은 각 신자에게 하나님의 자의에 의해 주어지는 주권적 선물인 성령의 은사와 오순절 성령의 강림을 혼동한다. 오순절 성령강림은 오늘날 누구든지 체험할 수 있는 보편적인 사건이 아니다. 한 사람이 여러 번 태어날 수 없듯이 교회의 탄생은 단 한 번으로 족하다.

그러므로 오늘날 신자는 오순절 성령강림 같은 영적 체험을 할 수 없다. 그러나 그 사건을 기점으로 놀랍게 역사하는 성령의 사역은 얼마든지 체험하게 된다. 누구든지 예수 그리스도를 믿고 영접하여 교회에 편입되는 순간 성령으로 세례를 받으며 성경 말씀에 따라 순종하며 그리스도 중심의 삶 속에서 성령의 충만을 경험한다(고전 12:13, 엡 3:16-17). 한편, 성경의 계시와 그 의미를 더 깊이 숙고하기 위해 누가의 기록을 꼼꼼히 살펴보자.

1. 홀연히 suddenly

~ 주님의 임재는 전광석화電光石火 같다. 주님이 베들레헴 마구간에서 아기로 오실 때 동방박사들은 별이 하늘로부터 순식간에 떨어지는 것을 보았다. 사람들이 주님을 잡아 임금으로 삼으려 할 때도, 또 체포영장을 가지고 주님을 잡아 죽이려 할 때도 주님은 순식간에 사람들 사이에서 떠나가셨다. 재림의 때에도 주님은 '홀연

히' 이 땅에 임하실 것이다. 성경은 아무도 그 시기를 모르고 오직 하나님만이 그때를 아신다고 했다(마 14:36). 그러므로 '홀연히'는 주님의 때[9]를 말한다. 주님의 시간은 인간 세상의 시간의 개념이 아니다.

~ 누가 주님의 때를 알겠으며 주님의 속도를 능가하겠는가. 누가 주님의 무소부재無所不在를 알고 그것을 모방하겠는가. 성령님도 이렇게 홀연히 우리 안으로 오신다. 너무 빨라서 우리가 체감하지 못할 뿐이다. 마치 지구가 도는 것을 느끼지 못하고 사는 것처럼 성령의 임재가 그렇다. 특이한 구원론을 주장하는 소위 '구원파'들의 성령의 임재에 대한 시, 공간적 표징의 주장은 어이없는 무지의 소치다. 새벽과 아침의 구별을 정확하게 시간과 공간적으로 구분할 수 있는가. 하늘은 땅의 어떤 부분에서부터 시작하는가. 논리적 개념과 실재적 개념은 다른 전제와 차원에서 논할 주제다.

2. 하늘로부터

~ 성령은 하늘로부터out of heaven, ek tou uranou 오신다. 성령은 '위에서'anossen 내리는 하나님 은혜의 빛이요 생명이다. '위로부터' 주어지는 이 성령을 받은 자는 새로운 능력을 가지게 된다. 이것이

---

9 신약성경에는 때의 계속을 알리는 '코로노스'와, 결정적인 순간을 가리키는 '카이로스'다 사용되는데 두 단어를 서로 구별하는 것이 통례였다.

성령의 은사a gift, karismata요 성령의 세례다. 모든 신자는 이 세례를 통해 새로운 사람이 되고 새로운 능력과 함께 새로운 삶을 살게 된다. 야곱은 하늘로부터 내려온 사닥다리 꿈을 계기로 하나님의 주권을 깨닫고 20년 종살이를 견딜 수 있었다. 이렇게 '위로부터' 임한 하늘의 능력은 한 사람의 인생을 송두리째 변화하게 만든다.

3. 급하고 강한 바람 같은 소리가 있어 그들의 앉은 집에 가득하며

~ 성령의 순간적인 강림에 대한 누가의 표현은 강렬함과 절박함이 묻어난다. 그렇다고 누가가 성령에 대한 묘사를 자기만의 것으로 끌어들이지 않는다. 성경에서 종종 바람은 성령을 상징하거나 하나님의 임재를 나타낸다. 시편 기자는 "바람을 자기 사신으로 삼으시고 불꽃으로 자기 사역자를 삼으시며"(시 104:4)라고 노래했다. 이것은 누가의 입장에서 형체는 보이지 않으나 강하고 분명한 역사를 일으키는 성령의 속성에 대한 최대한의 언어적 수사일 것이다.

~ 참고로 성경에서 성령의 역사와 임재에 대한 또 다른 수사적 표현들이 있다. 마태는 성령의 임재를 비둘기가 내려앉는 모습으로 조명했다. "예수께서 세례를 받으시고 곧 물에서 올라오실새 하늘에 열리고 하나님의 성령이 비둘기같이 내려 자기 위에 임하심을 보더니"(마 3:16). 성령을 비둘기에 비유한 것은 비둘기가 가진 평화

의 이미지를 십분 활용하여 성령의 존재와 그 의미를 유익한 것으로 이끈 것이라 할 수 있다. 행정가로서 사무적인 용어에 고정된 세무공무원 출신인 마태가 자신의 태생적 한계를 넘어 이렇게 문학적인 수사를 행사한 것은 성령의 조명과 하나님의 특별한 계시의 도움을 받았다는 간접적 증거가 된다.

 ~ 한편 '바람'은 히브리어 '루아흐'(호흡)와 헬라어 '프뉴마'(영)에 대한 우리말 번역이다. 특히 '루아흐'는 하나님의 '숨'과 관련된 용어다. 하나님은 흙으로 사람을 만드시고 그 코에 '루아흐'the breath of life, 생기를 불어넣으셨다(창 2:7). 하나님의 '루아흐'는 생명 그 자체를 가리킨다. '루아흐'가 있는 곳에 생명이 있다. 그러므로 바람은 흐르는 하나님의 '루아흐'이다. 이스라엘은 이 바람이 부는 방향에 따라 삶의 패턴을 달리해야 했다. 초목을 마르게 하는 동풍은 애굽에 메뚜기 재앙을 몰고 왔고(출 10:13), 홍해 바다를 갈랐다(출 14:21). 이스라엘을 유익하게 만드는 바람은 서풍이다. 메추라기를 바다로부터 몰고 와 광야의 백성들을 배불리 먹였다(민 11:31). 북풍은 비를 동반하고(잠 25:13), 남풍은 뜨거운 열기를 동반하여 추위를 몰아낸다(요 37:17, 눅 12:55). 이뿐 아니라 바람은 타작마당에서 쭉정이를 가려내는 하나님의 도구에 비유되면서 하나님이 악인을 어떻게 가려내는지 교훈을 준다(시 1:4, 35:5, 사 17:13, 41:16). 또 바람은 쓸데없는 논쟁이나 허무한 인생 자체에 대한 경고의 의미로 사용되기도 한다.

"그들은 육체이며 가도 다시 돌아오지 못하는 바람임을 기억하셨음이라"(시 78:39)

"인생은 그날이 풀과 같으며 그 영화가 들의 꽃과 같도다. 그것은 바람이 지나가면 없어지거니와 그 있던 자리도 다시 알지 못하거니와"(시 103:15-16)

~ 무엇보다 오늘 본문에 등장하는 바람은 굉장한 속도감이 느껴진다. 이 속도는 앞의 '홀연히'를 뒷받침하면서 성령의 임하심이 자연계의 일이 아니라 영적인 차원, 즉 시공간 밖의 일임을 시사한다. 이런 급박함의 표현은 새로운 것의 탄생에 대한 상징이요 유비類比, analogy다. 더 중요한 것은 이 새로운 탄생은 위에 계신 하나님의 주권에 기인한다는 점이다. 하나님은 바람의 주인이시다. 예수님은 바람에게 잔잔하라고 명하신 분이셨다(마 8:23-27). 자연의 바람은 자연계의 법칙과 질서와 기후적 변화에 따라 일어나고 불지만 영적 세계의 바람은 하나님에 의해 일어나고 움직인다. 오순절에 성령은 하나님의 바람이 되어 다락방에 모인 120명 성도에게 임하였고 바로 이들을 기초로 신약시대의 새로운 교회를 탄생시키신 것이다. 그러므로 이날은 교회의 탄생일이다.

~ 또 성령은 그들이 앉은 온 집에 가득했다. '가득한 것'fullness은 물질에 대한 계량적 표현이다. 그러나 본문에서 가득한 것은 '급하

고 강한 바람 같은 소리'이다. 어떤 소리일까? 단번에 우리는 폭풍을 떠올릴 수 있다. 폭풍은 장소마다 다른 소리를 낸다. 바다에서는 바람이 우는 소리를 낸다. 남편을 망망대해에 떠나보낸 과부의 통곡을 닮았다. 산꼭대기에선 화살이 날아가는 소리처럼 날카로운 소리를 낸다. 한지로 바른 한옥 창문을 두드릴 땐 마치 빈 세숫대야로 떨어지는 빗방울 소리가 난다. 온몸을 얼게 하는 겨울철 스산한 바람은 마녀의 웃음소리 같다. 그만큼 성령의 바람 소리는 귀에 들리지 않는 것이라 해도 강렬했다.

~ 그래서 성령의 임재 순간을 '급하고 강한 바람 같은 소리'라고 했다. 이것은 성령의 속성에 대한 묘사는 아니다. 단지 자연계에 임하는 성령의 신비한 현상에 대한 문학이자 언어적 유희. 교회를 탄생시키시는 성령의 순간적인 사역에 대한 기교다. 교회의 탄생과 다른 생명의 탄생의 다른 점이 바로 이것이다. 엄마의 뱃속에서 아기는 순식간에 밖으로 나오는 것이 아니다. 그러나 교회는 순식간에 성령의 바람으로 탄생했다. 이 바람은 '위로부터' 오는 하나님의 특별계시이다. 그러므로 교회는 인간의 손으로 세우는 것이 아니라 하나님의 주권적 사역으로 세워지는 하나님의 집이다. 이 새로운 집이 약속의 자녀들에게 구원의 방주가 된다.

5. 마치 불의 혀처럼 갈라지는 것들이 그들에게 보여 각 사람 위

에 임하여 있더니

~ 할리우드뿐 아니라 한국의 영화들도 점점 괴기스럽다. 비도덕적인 것은 말할 것도 없고 아예 귀신이 주도하는 세상을 아무런 경계심이나 제한 없이 그리고 있다. 지금까지의 영화 속 귀신은 대개 무서운 존재로 등장해 왔다. 용이나 이무기처럼 불을 쏟아내고, 선한 사람을 괴롭히고 끔찍한 사고를 당하게 하거나 깜쪽같이 인간을 이 세상에서 사라지게 하는 괴력을 행사했다. 그러나 요즘의 영화 속 귀신들은 그렇게 무시무시한 존재가 아니다. 귀신을 주인공으로 한 영화들이 속속 만들어지면서 어느새 귀신은 친근한 친구가 되고 있다. 귀신이 들린 사람이 일상생활을 하면서 사람들과 교제하고 심지어 선한 존재로 둔갑하고 있다. 이른바 귀신의 '일상화 전략' 혹은 '진부화 전략'의 일환이다. 이 전략에 익숙해지면 어느새 낯선 느낌이 사라진다. 옆집의 조폭과 오랫동안 가까이 지내다 보면 조폭이 무서운 대상이 아닌 것처럼 여겨진다. 마약에 중독되는 현상도 마찬가지로 자주 접하게 되면 진부한 대상이 되어 위기감을 놓친다. 우리 사회의 방송 매체를 통해 자주 등장하는 귀신 문화는 반드시 사람들을 더욱 자극하여 잔인하고 괴기스러운 세상으로 이끌어 갈 것이다.

~ 그런데 본문의 '불의 혀'를 잘못 해석하는 무리가 있다. 성령의 임하심에 대한 수사적 표현을 두고 마치 성령이 '불의 혀'처럼 갈라

지는 것들이 각 사람에게 임하는 것'으로 표현한 것은 진노를 쏟는 것에 대한 표현이라고 오독한다. 그러나 당대의 유대인들에게 불은 하나님의 임재를 상징했다. 모세는 떨기나무 가운데로부터 나오는 불꽃 안에서 나타나신 하나님을 배알했다(출 3:2). 하나님은 광야에서 갈 길을 잃어버린 이스라엘을 바르게 인도하기 위해 낮에는 구름 기둥으로, 밤에는 불기둥이 되시었다(출 13:21-22). 율법을 하사하기 위해 시내산 아래로 집결한 이스라엘 백성은 하나님의 영광이 맹렬한 불로 나타남을 목격했다(출 24:17).

~ 한편, 불 세례는 세례 요한이 이미 예고한 것이었다. "나는 너희로 회개하기 위해 물로 세례를 베풀거니와 내 뒤에 오시는 이는 나보다 능력이 많으시니 나는 그의 신을 들기도 감당하지 못하겠노라 그는 성령과 불로 너희에게 세례를 베푸실 것이요"(마 3:11)라고 언급하면서 불 세례를 '꺼지지 않는 불'unquenchable fire이라 일컬었다.

~ 성경에서 불의 용도는 다양하다. 특히 불은 죄악되고 더러운 것을 태워 버리는 '정결의 도구'로서 거룩한 성품을 제작하는 수단으로 사용된다. 때로 불은 불순물을 제거하는 해독제다. 성령의 임하심은 세상의 죄에 대한 불 세례를 뜻한다. 세상의 불순물과 찌꺼기와 더러운 오물과 부패한 것들에 대한 청결 작업으로 성령의 세례가 일어난다. 그러므로 성령의 세례, 즉 성령이 한 사람에게, 혹

은 전체 교회에게 임했다는 것은 새롭게 태어남을 의미한다. 성경은 이렇게 새롭게 태어난 존재를 '새로운 피조물'이라 칭하였다.

> "그런즉 누구든지 그리스도 안에 있으면 새로운 피조물이라 이전 것은 지나갔으니 보라 새것이 되었도다"(고후 5:17)

6. 그들이 다 성령의 충만함을 받고 성령이 말하게 하심을 따라 다른 언어들로 말하기를 시작하니라

~ 성령의 충만함은 구원에 이른 단회적인 '성령의 세례'와는 구별되는 성령 사역이다. 나아가 '성령 충만'은 거듭난 사람의 마음속 깊이 내주하시는 성령님의 인도하심에 적극적이며 자발적인 순응과 연합과 일치를 이룬 믿음의 가장 모범적인 상태에 대한 천상의 찬사이자 최고의 은사적 선물이다. 그러나 누구든지 결코 항상 '성령 충만'의 상태를 유지하지는 못한다. 자주 경험할 수 있는 은사이긴 하지만 특별한 경험에 한한다. 따라서 성령 충만은 우리의 바램이자 능력으로서 우리 신앙의 목표지점에 있는 대상이다. 모든 신자는 늘 성령 충만을 향해 달려가야 한다.

~ 특히 성령 충만은 여러 은사적 사역과 깊은 연관이 있다. 오늘 소개되는 다락방에 모인 사람들에게 성령 충만은 '다른 방언'other tongues, 헤테라이스 글로싸이스의 은사를 부여받았다. 이 방언은 성령

이 말하게 하심에 따른as the Spirit enabled them 새로운 언어였다. 이 점을 유의하면 오순절에 나타난 사람들의 방언은 일반적인 언어 혹은 말λόγος, 로고스 혹은 διαληκτος, 디아레크토스이 아니라고 보아야 한다. 그것은 성령 충만의 결과로서 나타난 특별한 은사이자 특별한 언어이다. 이 말을 두고 신비주의자 혹은 은사주의자들처럼 무조건 혀가 꼬이는 이상한 신비적 현상에 속한 소위 '외계인 언어'로 해석하거나 답습하지 말아야 하며, 반대로 무조건 방언을 부정하는 우를 범해서도 안 된다. 성령께서는 얼마든지 한 사람, 혹은 집단을 성령 충만케 하실 수 있으시고. 필요에 따라 자신의 은사를 마음껏 부어줄 수 있다. 단, 이러한 성령의 특별한 사역은 오늘날 반복되지 않는 특수 사역임을 유념해야 한다. 만약 이러한 은사적 활동이 다시 반복된다면 성령님은 자신이 처음에 세운 교회가 불완전하고 불비하여 재설립을 해야 한다는 자가당착에 빠질 것이다. 오순절 성령강림은 역사상 단 한 번이면 족하다. 이 사역으로 드디어 신약의 교회가 새롭게 탄생한 것이다.

위로부터 임한 새로운 은사

그리스도인은 새롭게 태어났으므로 기존의 삶의 모든 방식을 버리고 새로운 인생을 사는 사람이다. 이 새로운 인생은 두 가지 요건을 충족해야 한다. 첫째. 진리의 본질에 대한 지식을 가지는 것이다. 진리는 존재의 근원과 현 위치와 가야 할 방향과 도달해야 할 목적지에 대한 모든 지식의 총체이다. 한 사람이 진리에 눈을 뜨고 진리를 몸에 지녔다는 것은 자신의 정체성을 분명히 바로 세웠다는 뜻도 된다. 이것이 지난 인생과 완전히 대비된다. 둘째, 새로운 인생을 인정받기 위해선 세상과 싸울 능력을 보유해야 한다. 20세기 초 미국교회에 불어닥친 자유주의신학의 위험을 알리고 개혁운동에 앞장섰던 웨스트민스터 신학교의 설립자인 그래샴 메이첸 Gresham Machen, 1881-1937은 "정작 중요한 일에는 싸움이 있다"고 역설했다. 이렇게 진리를 사수하기 위해 목숨을 아끼지 않고 싸울 의지와 능력은 성령이 주는 권능의 선물이다. 이 선물 없이 세상을 이길 수 없다. 한없이 나약한 존재에 불과한 인간이 자력으로 세상을 이기는 길은 없다. 만약 제 혼자 힘으로 세상을 대적한다면 한순간도 버티지 못할 것이다. 그러므로 성령의 권능을 받아야 한다. 이 권능은 한 사람이 새로 태어날 대 하늘에서 주어지는 위대한 선물이다. 바울은 빌립보 교회를 위로하고 격려하기 위해 "내게 능력 주시는 자 안에서 내가 모든 것을 할 수 있느니라"(빌 4:13)고 말했다. 이 권능이 무엇일까? 그것은 바로 '믿음'이다. 모든 그리스도인은 순교를 각오하는 믿음의 능력을 가져야 한다. 믿음만이 하나님을 기쁘시게 하고(히 11:6), 믿음만이 죽기를 각오하고 죽음을 두려워하지 않도록 만든다. 모든 믿음의 용사들이 그런 삶을 살았다.

> "그들은 믿음으로 나라들을 이기기도 하며 의를 행하기도 하며 약속을 받기도 하며 사자들의 입을 막기도 하며, 불의 세력을 멸하기도 하며 칼날을 피하기도 하며 연약한 가운데서 강하게 되기도 하며 전쟁에 용감하게 되어 이방 사람들의 진을 물리치기도 하며, 여자들은 자기의 죽은 자들을 부활로 받아들이기도 하며 또 어떤 이들은 더 좋은 부활을 얻고자 하여 심한 고문을 받되 구차히 풀려나기를 원하지 아니하였으며, 또 어떤 이들은 조롱과 채찍질뿐 아니라 결박과 옥에 갇히는 시련도 받았으며, 돌로 치는 것과 톱으로 켜는 것과 시험과 칼로 죽임을 당하고 양과 염소의 가죽을 입고 유리하여 궁핍과 환난과 학대를 받았으니, (이런 사람은 세상이 감당하지 못하느니라) 그들이 광야와 산과 동굴과 토굴에 유리하였느니라"(히 11:33-38)

그리스도인에게 믿음과 지식 이 두 가지는 평생토록 보유하고 균형을 유지해야 하는 절대적인 두 요소이다. 믿음과 지식은 상호 배척하는 관계가 아니다. '둘이 하나'가 될 때 하나님의 나라가 이루어진다. 기독교의 진리가 세상 철학과 타 종교의 가르침과 확연하게 다른 이유 중 하나가 서로 상반되는 두 요소를 그리스도 안에서 하나로 만들기 때문이다. 이를 신학적 용어로 '이중상태'statue duplex , 혹은 '대립의 일치' '모순의 조화' 등으로 부른다.

세상은 이 이치를 깨닫지 못하고 거부한다. 오히려 세상은 이것을 '인지부조화'Cognitive dissonance 라고 결론짓는다. 사람들은 자신의 태도와 행동 따위가 서로 모순된 상태로는 양립할 수 없다고 본다. 그러나 하나님 나라에선 이 부조화가 예수 그리스도 '안에서'in, en 하나로 연합되고 조화되고 일치된다. 세상은 둘을 하나로 만드는 일에 힘을 쏟는 것이 아니라 하나를 둘로 만들고 또 둘을 나누어 찢는다. 큰 숲에서 자라는 나무를 베어 쪼개고 쪼개어 기어이 성냥개비를 만든다. 그런데 그 성냥개비가 결국 숲을 태우고 만다. 그러나 기독교는 손등과 손바닥이 어우러져 손이 되듯이 두 상반된 요소가 연합하고 일치를 이루는 역사가 일어난다.

예수님도 이중상태의 진리를 가지신 분이다. 당신께서 몸소 신성과 인성이라는 극단의 반목적 요소를 하나로 이루어 스스로 구세주가 되시었다. 이 '대립의 일치'의 원리는 인간세계에 절묘하게 적용되고 실현된다. 남녀가 부부가 되면 한 몸이 된다. 그리스도 안에서 수많은 지체가 한 몸에 붙어 있다. 하늘과 땅이 하나가 되고, 영과 육이 하나가 된다. 한 신학자는 이 땅에선 평행선이 존재하지만 하나님 나라에선 두 선이 하나가 된다고 비유했다. 이 모두 '위로부터' 주어진 신비한 은혜와 능력과 중생의 신비로 인해 부여된 선물들이다. 이 선물을 받은 자여, 참으로 복되고 복되도다.

이야기 셋. 사울아 사울아

"사울이 길을 가다가 다메섹에 가까이 이르더니 홀연히 하늘로부터 빛이 그를 비추는지라. 땅에 엎드려 들으매 소리가 있어 이르시되 사울아 사울아 네가 어찌하여 나를 박해하느냐 하시거늘 대답하되 주여 누구시니이까 이르시되 나는 네가 박해하는 예수라. 너는 일어나 시내로 들어가라 네가 행할 것을 네게 이를 자가 있느니라 하시니, 같이 가던 사람들은 소리만 듣고 아무도 보지 못하여 말을 못하고 서 있더라. 사울이 땅에서 일어나 눈은 떴으나 아무것도 보지 못하고 사람의 손에 끌려 다메섹으로 들어가서 사흘 동안 보지 못하고 먹지도 마시지도 아니하니라"(행 9:3-9)

기독교의 힘

네이버 블로거 amatordi의 글 중 한 대목을 소개한다.

"기독교의 힘은 기독교 사상을 가진 사람들과 함께 하시는 하나님
의 힘이다. 하나님께서는 사람들을 사용하셔서 한 시대에 진리의
말씀을 전달하게 하시고, 그들의 섬김 위에 성령의 권능을 더하심
으로써 무지와 어둠을 밝혀 그들의 악은 의지를 사랑으로 감화시켜
하나님을 향하여 살게 하시는 데 이것을 바로 복음 사역이다"

나아가 위의 저자는 기독교 힘의 근원을 가시적인 영역과 비가
시적 영역으로 나누어 전자에는 사상과 윤리가 내재하고, 후자에
는 하나님 은혜가 있다고 한다.

"기독교 사상은 하나님에 대한 지식과 살아가야 할 삶의 교훈들
의 체계라면, 윤리는 그 가치의 체계와 규범을 따라 살아감으로 드
러난 도덕적인 삶이다. 윤리는 그 자체가 옳고 그름의 기준에서 나
오는 것이기 때문에 신학 사상이 없는 종교 윤리는 성립할 수 없다.
(중략) 기독교 사상의 기술은 지적인 형식을 띠고 계몽주의의 학문
형태를 따른다는 점에서 가시적이다. (중략) 역사적으로 보면 교회
가 정치한 신학 사상을 따르고 있어도 윤리적인 삶을 살지 못하고
부패한 경우가 많으며 또한 윤리적인 삶을 살아간다 해도 그것들을

통하여 자신이 신앙하는 진리의 내용들을 보여주지 못한 경우가 많다. 그래서 고려하지 않을 수 없는 영역이 있는데 그것은 바로 은혜라는 신비의 영역이다. 이것은 비가시적 영역에 속한 것으로 이성의 눈으로 보이지 않는 신비의 영역에 속한다. 은혜의 힘은 사상과 윤리를 연결시켜 주는 끈이다."

올바른 신학 사상은 하나님 은혜 안에서 모든 도덕적 삶을 이끄는 지렛대이다. G. 메이첸박사는 언제나 교회의 위기는 '교리보다 삶'을 우선시할 때 비롯된다고 설파했다.

"초기 기독교 운동은 현대적 의미의 삶의 방식으로 도입된 것이 아니라, 어떤 메시지에 근거한 삶의 방식이었다는 점이다. 기독교는 단순한 감정이나 활동 프로그램에 근거한 것이 아니라, 어떤 사실에 대한 설명에 근거했다. 다른 말로 하면 그것은 교리에 근거했던 것이다"[10]

그렇다고 메이첸이 삶을 배제하거나 무시한 것은 아니다. 그의 기독교는 우선순위가 얼마나 중요한 것인가를 설명하는 데에 기반한다. 그러나 순서는 조화가 이루어질 때 힘을 발휘한다. 교리와 삶은 불가분리의 일체적 요소이다.

---

10 J. G. 메이첸, 황영철 역. <기독교와 자유주의>, 복있는 사람, 2016(초판 2쇄), 55p.

"교리가 건전하기만 하면 생활은 어떻게 되어도 좋다고 말하는 것은 아니다. 오히려 교리는 온갖 것에서 차이를 만들어 낸다. 처음부터 기독교는 삶의 길이었다. 기독교가 제공하는 구원은 죄로부터의 구원이었으며, 죄로부터의 구원은 복된 소망에서만 나타나는 것이 아니라 즉각적인 도덕적인 변화에서도 나타난다. 초기 그리스도인들이 이웃에게 충격을 준 것은 그들이 낯설고 새로운 삶을 살았기 때문이다. 그것은 정직하고 순결하고 비이기적인 삶이었다."[11]

이렇게 기독교의 힘은 교리에 기초한다. 이 교리는 성경 안에서 뿌리를 내리고 자란 생명나무다. 이 나무에 열린 열매가 곧 하나님 은혜의 열매이다. 이 열매를 먹고 자란 그리스도인이 건강하고 올바른 신앙의 길을 걷게 된다. 그러므로 기독교는 언제나 교리가 먼저이고 삶이 그 다음이다. 그러나 이 둘은 주 안에서 하나로 연합된다. 이것이 하나님 은혜가 맺은 열매다.

역사적으로 모든 이단은 이 둘을 서로 분리하기 위해 공격했다. 둘을 떼 놓기 위해 먼저 교리를 공격하는 것으로부터 출발하고 성장했다. 여기서 기독교회사에 등장한 모든 이단의 정체와 활약상을 다 논할 순 없지만 이들의 주된 목표는 하나님의 사상을 전수받아 그것을 세상에 널리 전파하고자 하는 기독교회의 활동을 가

11 위 책, 86p.

로막는 것이다. 무엇보다 기독교회의 핵심적 사상을 담은 근본 교리들을 집중적으로 공격함으로써 기독교회를 완전히 무너뜨릴 수는 없다 해도 그들의 활동을 억제시키고자 한다.

그러나 이단이 만든 논리와 기독교회가 가진 교리의 힘은 차원을 달리한다. 왜냐하면 이단의 것은 다분히 인위적이고 작위적인 논리에 불과하지만 기독교회의 교리는 하나님이 직접 전달하시고 기록하게 하신 계시적 진리이자 하나님의 말씀이시다. 그러므로 기독교회의 교리는 인간이 제작한 것이 아니라 하나님의 말씀인 성경에서 추출한 것이다. 위와 아래가 다르고, 땅의 것과 하늘의 것이 다르며, 육신의 것과 영적인 것이 구별된다.

현대의 개혁파 신학자들은 대부분 현대교회가 가진 위기 중 가장 우려되는 것이 바로 교리교육의 부재라고 입을 모은다. 기독교회가 교리 위에 집을 짓지 않으면 언제든지 이단의 공격에 허물어질 수 있다. 이를 잘 알기에 신앙의 선조들은 초대교회 때부터 교리와 연결된 그리스도인의 신앙고백들을 중요시했다. 이것은 기독교회의 신앙에 관한 표준문서들이다. 이 표준문서들은 성경 자체가 이미 증언하는 내용을 요약한 것이다. 그러므로 올바른 교리 위에 선 교회는 가장 역사적이고 정통적이며 가장 신앙고백적인 전통의 길을 걷는 것이다.

'신앙고백적이다'는 말은 표준문서, 예를 들어 웨스트민스터 표준문서에 명시된, 하나님과 그리스도에 관하여, 인간에 관하여, 죄에 관하여, 성령과 구원의 서정과 교회와 국가와 종말에 관하여 성경의 핵심 가르침을 따른다는 의미다. 모든 그리스도인은 각자 개인적 경험이나 의식이나 자유로운 선택과 가치관에 따라 신앙하는 것이 아니라 바로 성경과 성경의 가르침을 가장 적절하고 효과적으로 요약하고 집대성한 교리에 따라 신앙해야 한다.

　불행히도 오늘날 많은 '자유복음주의 그리스도인들'[12]은 이 점에서 매우 저항적이다. 이들은 종교개혁가들이 기치로 세운 '오직 성경'이라는 슬로건을 내세우면서 "성경이 유일한 권위라고 한다면 왜 다른 문서들이 필요한가? 어떻게 성경의 권위를 훼손시키지 않으면서 다른 문서들의 권위를 인정할 수 있는가?"하고 의문을 제기하는 부류이다. 이들은 비 신앙고백주의자들이자 비 교리주의자들이다.

　역사상 기독교회는 대부분 특정한 형태의 신조나 신앙고백서나 교리적 진술을 고수함으로써 자신들의 정체성을 확고히 세웠다. 비

---

12 나는 교리중심, 신앙고백적 중심의 신앙에서 벗어나 개인의 자유로운 선택과 신앙 행위를 강조하는 비 개혁주의 그룹의 그리스도인을 통칭하여 이렇게 부르며 전적으로 타락한 인간의 자유로운 행위야말로 신앙을 부패시키는 제일의 요인이라 본다.

록 장로교단이 아니라 해도, 설령 자신들이 신앙고백적이라고 생각하지 않는다고 해도 그들이 누구이며 무엇을 믿는지를 정의하는 간략한 믿음의 진술 정도는 가지고 있다. 칼 트루먼Karl R Trumann은 "신조와 신앙고백서라는 개념 자체를 아예 거부하는 교회나 그리스도인들조차도 그들만의 '무언의 신조'를 따르는 특성으로 보인다"고 말한다.[13]

역사적으로 자유복음주의자들에 의해 기독교의 힘이 상실되었다. 그들은 늘 기존교회를 올바르지 않은 길로 인도했다. 이들은 비신앙고백주의자들이기 때문에 사실상 교회의 전통을 부정한다. 전통의 중시는 로마 카톨릭의 입장에 의한 것이므로 개신교회는 오직 성경만 믿고 따라야한다고 주장한다. 그러나 종교개혁가들은 '오직 성경'을 그런 의미로 사용하지 않았다. 그러므로 이들은 전통적으로 볼 때 종교개혁의 가르침을 계승하지 않으며 전혀 다른 기독교를 생산한 것이다.

더욱 아이러니한 것은 이들도 설교 준비를 할 때 손에 익숙한 사전이나 주석집이나 여러 신학 서적들이나 앞서간 설교자들의 설교를 참작한다. 심지어 성경에 없는 신학적 용어들을 사용하는 일에

---

13 칼 트루먼, 김은진 역, <교리와 신앙>(The Creedal Imperative), 지평서원, 2012, 19쪽.

전혀 부담을 느끼지 않는다. 그들이 이런 책들을 꺼내 읽고, 신학자들의 견해를 인용하는 순간, 어찌 됐든 그들은 전통의 은혜를 덧입는 것이다. 그럼에도 그들은 '오직 성경'만 인용한다고 말한다. 이것은 자기모순이다.

이에 대해 칼 트루먼은 이렇게 응수했다.

"사실 '전통'이 문제가 아니다. 정말 중요한 문제는 그 전통을 올바로 정의하고 전통이 성경과 어떻게 연결되었는가를 이해하는 것이다. 실제로 이것이 종교개혁의 핵심이다. 즉 종교개혁은 성경과 전통의 싸움이라기보다는 여러 종류의 전통 간의 싸움이었다. 카톨릭 내에서 일어난 종교개혁의 주요 인물이었던 사돌레토Sadoleto 추기경은 존 칼빈에게 보낸 편지에서 개신교가 교회의 전통을 버렸다고 주장했다. 그러나 칼빈은 이에 개신교야말로 참된 전통을 가졌다고 답했다. 진리로부터 벗어난 것은 카톨릭교회다." [14]

실상 기독교회의 생명의 근원은 교리라는 샘이다. 이 샘에서 영생의 우물물이 길어진다. 그러므로 기독교회에게 교리와 신조와 신앙고백들은 금과옥조이다. 무엇하나 빼놓을 수 없는 시금석들이다. 밤하늘의 수많은 별 중에 한 개가 사라진다면 어떤 일이 벌어질

---

14 위 책, 21쪽.

까? 지구상에 하나의 대륙이 사라진다면 어떤 결과가 나타날까? 인간의 신체 중 심장이 없다면 어떤 결과를 맞이할까? 이렇게 교리는 있어도 되고 없어도 되는 차원의 존재가 아니다. 황의상은 "우리 삶의 문제는 곧 교리의 문제"라고 말한다.[15] 왜냐면 잘못된 교리를 배운 자로 인해 폭력이 실행되고 테러가 자행되고 전쟁이 발발하기 때문이다. 이슬람의 과격 테러분자가 왜 테러를 감행하는가? 그것은 잘못된 교리로 인한 곡해와 편견과 오류 때문이다. 그러므로 교리는 실생활에 직결된 문제이다. 더 솔직하게 말하자면 교리는 죽고 사는 문제를 다루는 시급한 현안이다.

그러나 대부분의 사람은 '교리'라는 말을 본능적으로 거부한다. 스프로울R. C. Sproul, 1939~2017은 그 이유에 대해 사람들이 "성경을 모르기 때문"이라 말했다. 특히 현대인들 다수는 성경을 고서 중 하나로 취급한다. 그러나 성경은 단순히 옛날이야기로 끝나는 것이 아니라 죄인의 구원을 위한 하나님의 모든 은혜의 경륜을 말한다(행 20:27). 만약 한 사람이 성경에서 하나님의 '은혜'를 발견한다면 그는 성경이 어떤 책인가를 깨달을 것이다. 이 '은혜'는 인간세계에선 발견될 수 없고 상상할 수 없고 이해될 수 없고 논의될 수 없는 것이다. 모든 성경은 이 하나님의 은혜를 담고 있다. 교리는 성

---

15 황희상, <지금 시작하는 교리교육>, 지평서원, 2013. 37쪽.

경 여기저기에 산재한 하나님의 은혜를 잘 정리하여 우리에게 제공한다.

이 은혜의 교리는 곧 구원의 교리와 직결된다. 하나님은 죄로 말미암아 완전히 부패하고 타락한 인간을 구원하시고자 독생자 예수 그리스도를 이 땅에 구원자로 보내시어 십자가상에서 희생제물이 됨으로써 구원의 길을 열어 주신 것은 그 어떤 조건이나 합리적인 이유나 어떤 의도 혹은 목적이 아닌 '무조건적 은혜'인 것이다. 훗날 도르트 총회의 선진들은 이것을 '불가항력적 은혜'Irresistible Grace라 명명했다.

기독교회는 이 불가항력적인 하나님의 은혜 위에 세워졌고 이 은혜를 먹고 자란다. 그러나 이 은혜는 온 땅에 숨겨진 보물과 같아서 좋은 채굴의 방법을 모르면 쉽게 캐내기 어렵다. 그래서 하나님은 교회를 세우기로 작정하신 다음에 성경 곳곳에 산재한 이 은혜를 체계적으로 정리하고 다듬기 위해 당신의 사람들을 사용하기로 했다. 그중 최초로 하나님에게 피택되어 쓰임을 받은 장본인이 바로 사도 바울이다. 하나님은 바울로 하여금 이 은혜의 교리를 만들어 기독교회의 기초공사를 단행하시었다. 이제 사울이라고 하는 한 사람의 자연인이 어떻게 바울이라고 하는 하나님의 사람이 되어 하나님으로부터 쓰임을 받았는가를 이야기해 보자.

유대인

외국에서 출생한 자가 다시 고국으로 돌아와 학업을 하고 직업을 구하고 일을 하는 경우는 매우 드문 사례에 속한다. 요즘으로 치면 이민 2세대가 자신의 고국으로 돌아와 학업과 생업에 종사하는 경우에 해당한다. 예를 들어 미국으로 이주한 한 가정에서 태어난 자녀는 대개 미국에서 공부하고 미국 시민으로 살아가기 마련이다. 특별한 경우가 아니라면 한국으로 귀환해 학업과 생업에 종사하는 일은 매우 드물다.

그러나 유대 사회에서 이런 일은 당연시된다. 유대인의 민족정신은 아무리 오랜 세대에 걸쳐 외국에 거주한다 해도 자신의 조국을 잊는 법이 없다. 그들은 언제나 조국이 우선이다. 그런 연유로 유대인들은 학업 중에도 전쟁 등으로 조국이 위기에 처하면 즉시 귀국하여 펜 대신에 총을 잡는다. 이것이 유대인 정신이자 민족 사랑이자 선민의식이다.

역사가들은 오늘날 미국을 미국답게 건설한 두 주체 세력으로 청교도들과 유대인들을 꼽는다. 지금도 유대인들은 알게 모르게 미국 사회를 주도한다. 나아가 전 세계에 걸쳐 유대인은 독특한 가족문화를 중심으로 부와 권력을 손에 쥐고 지배적인 위치를 장악하고 있다. 이렇게 유대인들의 강한 가족 결속력을 보여주는 대표적인 사례가 '종신보험'에 나타나 있다. 종신보험은 1900년대 초 생계를 위해 미국으로 이주했던 유대인들에 의해 만들어졌는데, 당시 유럽인들에 의해 장악당했던 상권하에서 유대인들은 자신의 후손에게 가난을 되물림하는 것을 방지하기 위해 필라델피아의 한 보험회사에 찾아가 자신의 사망과 함께 자식에게 보험금을 지불하는 방식의 종신보험을 체결했다. 예를 들어 한 사람이 1억 원의 보험료를 납부하고 사망하면 그 아들이 5억 원의 사망보험금을 수령하고, 아들이 다시 5억 원의 사망보험을 체결하면 그 아들이 죽으면 손자가 25억 원을 수령하는 방식이다. 이렇게 순간의 이익보다 장기간의 수익체계를 구성하여 가문의 재산을 담보한 것이 유대인들로 하여금 세계 어디서든 3세대가 지나면 거부가 되도록 만든 것이다. 나아가 그들은 축적한 재물을 기반으로 막후에서 정치적 권력에 막강한 영향력을 행사한다. 미국 정치인 중 유대인의 후원을 받지 않는 사람은 거의 없을 정도로 알려져 있다. 최근에 일어난 이스라엘과 팔레스타인의 하마스 간 전쟁에 대해 클로딘 게이

하버드대 총장이 오히려 이스라엘의 책임이 더 크다고 발언하자 미국 하원위원회는 그를 불러 조사했고, 결국 총장을 사임시켰다. 지금 미국에선 반유대주의 색출작업을 국가적인 차원에서 진행하고 있다. 이 모두 유대인들의 영향력이 얼마나 막강한 것인가를 보여주는 단적인 사례다.

유대인 사회는 자신들만의 원칙을 준수한다. 소위 '후츠파 7대 정신'은 대부분의 유대인들이 금과옥조로 여기는 생활 원리로 유명하다.

첫째, 형식타파이다. 지위나 형식 등에 구애받지 않고 자유로운 활동을 보장한다.

둘째, 이러한 자유로움은 질문할 권리를 보장해 준다. 유대인들은 나이나 직위에 상관없이 수평적인 관계에서 서로 묻고 답하는 것이 습관화된 민족이다.

셋째, 어떤 민족도 유대인들만큼 상호 의존과 끈끈한 결속력을 보이지 못한다. 세계 각지로 흩어져 살면서 터득한 생존의 기술이다.

넷째, 도전정신이다. 새로운 장소나 환경에서 가진 것이 없어도 도전한다. 위험 앞에서도 굴하지 않는다. 우리 속담으로 '죽기 아니면 까무러치기'다.

다섯째, 분명한 목표를 가지고 산다. 이것은 하나님의 소명과 관련이 깊다. 특히 유대인들은 목표를 달성하기 위해 철저한 정보 수집과 전략 수립에 최선을 다한다. 세계 기업의 30% 이상이 유대인들의 손에 의해 창업된 기업들이다.

여섯째, 유대인들의 집요하고 끈질김은 다른 민족들의 혀를 내밀게 한다. 현대의 이스라엘은 지금의 땅에 정착하기 위해 이웃의 이슬람 국가들의 수 없는 공격을 받았다. 그러나 그들의 공격은 모조리 실패하고 오히려 이스라엘을 강대국으로 만드는 불쏘시개가 되었을 뿐이다. 특히 유대인들이 모래땅에 수도를 건설한다고 했을 때 모두가 비웃었지만 그들은 수도 파이프를 연결하여 어디서든 식물이 자라게 만든 기적을 일구어 모두의 입을 다물게 했다.

마지막 일곱 번째, 실패학습으로 유명한 민족이다. 유대인들은 실패를 두려워하지 않으며 실패의 원인을 철저히 분석해 다시 도전하여 반드시 성공의 열매를 맺도록 모두가 응원하고 격려하며 재정적 지원도 아끼지 않는다. 유대인 학생은 어디서든 유대인 재벌의 도움을 받을 수 있다. "야웨께서 도우신다"는 말은 단순한 인사가 아니다.

바울

바울(헬. 파울로스)로 알려진 사울은 유대인이다. 다만 그의 출생지는 유대 당이 아니라 소아시아의 길리기아 평원에 위치한 다소(헬. 타르소스. Tarsus)이다. 길리기아 평원은 지중해에서 약 18km 떨어진 키드누스 강변에 위치했는데 다소가 번창한 이유는 키드누스 강이 화물 적재에 매우 안전하고 쉽게 접항이 가능했기 때문이었다. 평지에서 다소로 가는 길은 두 갈래 길이 있었다. 다소 산맥에 있는 길리기아 성문을 지나 북쪽으로 접근하는 길과, 아마누스 산맥에 있는 수리아 성문을 지나 동쪽으로 접근하는 길이 그것이다. 군대와 상인들은 주로 전자의 길을 애용했다. 역사적으로 다소는 페르시아 지배하에 있을 때 길리기아의 수도가 되었는데, 주전 333년 알렉산더 대왕에 의해 점령되었고, 그 후엔 시리아의 셀류쿠스 왕조의 지배 아래에 있었다. 마카비 2, 3서에 따르면 안티오쿠스 4세가 그의 첩 안티오키스에게 다소와 말루스를 하사했는데 이때 시민들이 반란을 벌였다고 한다. 그러나 그리스의 자치시가 되면서 다소는 그리스의 교육과 문명의 영향으로 지식사회로 발돋움했고, 이러한 경향은 로마의 지배하에서도 계속되었다. 주전 50년에는 유명한 로마의 정치가인 키케로가 다소의 총독으로 부임하기도 했다. 훗날 아우구스투스 황제가 다소를 자유시로 보장하자 다소는 제국 내의 알렉산드리아와 아테네에 버금가는 지적 생활의 중심지가 되었다. 다소는 또한 마포 직물의 생산지로도 유명했다.

주전 170년경부터 유대인들도 다소에 이주하기 시작했다. 유대인들은 책정된 공탁금 혹은 보상금을 지불하면 다소 시민들과 똑같은 자유 시민으로서 권리를 보장받았다. 바울의 부모는 바로 이런 경로를 통해 다소의 자유 시민의 자격을 얻었는데 훗날 바울은 이 시민의 자격을 근거로 로마에 재판을 요구하였다.

다소에서 바울의 부모의 직업이 무엇인지에 대해선 정확한 기록은 없다. 단지 훗날 선교사역 중 바울이 잠시 '장막을 만드는 직업'(행 18:3)을 가졌는데 이로 미루어 그의 가문이 장막과 관련된 업종에 종사하였거나 장막 혹은 의류 등과 관련한 무역업자였을 것으로 추정한다. 바울의 부모는 바울이 유대 사회의 지식인으로 살기를 원했다. 그래서 그들은 일찍이 바울을 유대 사회에서 유망한 학문적 전통을 가진 가말리엘 학파로 유학을 보냈다. 성경에 등장하는 가말리엘은 이스라엘 최고의 학자인 힐렐Hillel[16]의 손자로서 이스라엘의 장로이자 학자로 명성을 떨친 가말리엘 1세를 가리킨다. 조부 힐렐의 학문을 계승한 그에겐 율법사들과는 구분이 되는 소위 '랍반'Rabban, 우리의 스승이라는 직명이 명예로 주어졌으며 산헤드린 지도자의 한 사람으로 활동했다. 사도 바울은 자신이 가말리엘의 문하생이었다고 밝혔다.

> "나는 유대인으로 길리기아 다소에서 났고 이 성에서 자라 가말리엘의 문하에서 우리 조상들의 율법의 엄한 교훈을 받았고 오늘 너희 모든 사람처럼 하나님께 대하여 열심이 있는 자라"(행 22:3)

예루살렘에서 바울은 철저히 랍비 교육을 받고 자랐다. 바울의 선생이었던 가말리엘은 힐렐학파의 학풍이기도 한 자유주의적 율법주의를 지지하는 학자였다. 율법에 대한 포용적인 해석과 관용적인 태도는 유대인들의 존경을 받기에 충분했다(행 5:34). 그는 원칙주의자이면서 동시에 실사구시의 실용주의자였다. 베드로와 사

---

16 바벨론 출신의 유대인 랍비로서 예루살렘으로 귀환한 이후 바리새파의 지도자가 되었다. 그는 전통적 유대 학문에 방법론을 주입하고 성경 해석의 7대 법칙을 수립하여 후대 학문에 큰 영향을 끼쳤다. 그는 율법의 형식보다 내용을 중시하고 근본정신의 실행에 앞장서는 등 유대 사회와 학문의 진보적 발전에 기여함으로서 '힐렐파'의 창시자가 되었다. 반대로 삼마이학파는 힐렐학파에 비해 보다 온건한 보수주의 노선을 걸었다.

도들에 대한 산헤드린 공회의 과열된 분위기를 진정시키며 중재하는 역할은 가말리엘의 몫이었다.

> "이제 내가 너희에게 말하노니 이 사람들을 상관하지 말고 버려두라 이 사상과 이 소행이 사람으로부터 났으면 무너질 것이요, 만일 하나님께로부터 났으면 너희가 그들을 무너뜨릴 수 없겠고 도리어 하나님을 대적하는 자가 될까 하노라 하니"(행 5:38-39)

그럼에도 바울은 다른 가말리엘 문하생에 비해 엄격한 율법주의자로 알려졌다. 바울은 선생의 자유주의적인 태도를 전적으로 신뢰하거나 따르지 않고 율법의 준수라는 점에선 대단히 보수적인 입장에 섰다.

> "내가 내 동족 중 여러 연갑자보다 유대교를 지나치게 믿어 내 조상의 전통에 대하여 더욱 열심히 있었으나"(갈 1:14)

> "나는 팔 일 만에 할례를 받고 이스라엘 족속이요 베냐민 지파요 히브리인 중의 히브리인이요 율법으로는 바리새인이요, 열심히는 교회를 박해하고 율법의 의로는 흠이 없는 자라"(빌 3:5-6)

바울은 스스로 "율법의 의로는 흠이 없는 자"(빌 3:6)라고 고백할

만큼 율법 엄격주의자였다. 그는 율법의 원칙에 입각하여 유대교에 해를 끼친다고 여겨진 새로운 기독교회를 철저히 파괴시키려고 했다.

> "나는 사도 중에서 가장 작은 자라 나는 하나님의 교회를 박해하였으므로 사도라 칭함을 받기를 감당하지 못할 자니라"(고전 15:9)

> "내가 이전에 유대교에 있을 때 행한 일을 너희가 들었거니와 하나님의 교회를 심히 박해하여 멸하고"(갈 1:13)

그런 바울이 기독교로 회심한 것은 그야말로 기적에 가까운 일이었다. 바울에게 율법은 인생의 전부였다. 그러므로 바울이 율법 준수에 실패했기 때문에 기독교로 개종한 것이 아니었다. 거듭남이 없었다면 율법의 한계가 무엇인지 바울은 깨닫지 못하였을 것이다. 중요한 것은 바울의 거듭남은 그의 회심과 소명으로 시작되었다는 것이다. 그의 회심과 소명은 수리아의 다메섹 성 근처에서 일어났다. 행 9:1-9, 22:4-16, 26:9-17에 기록된 정황을 종합하면 다음과 같다.

1. 바울은 적극적으로 교회를 박해하던 자신에게 이 같은 일이 일어날 것을 전혀 예상하지 못하였다.

2. 결정적인 회심과 변화는 동행하던 사람들과 달리 특별히 바울에게만 나타난 예수님의 계시 때문이다.

3. 이러한 계시 직후 바울은 자신을 그리스도 안에서 새로 태어난 신자로 인정해 주었던 다메섹의 아나니아라는 한 그리스도인으로부터 세례를 받았다.

4. 바울은 세례를 받은 즉시 이방인들에게 복음을 전하라는 소명을 예수님으로부터 직접 받았다.

이렇게 하여 교회와 복음에 대하여 한 사람의 핍박자가 180도로 바뀌어 교회의 수호자가 되고 복음의 전파자가 되었다. 이것은 교회사에 있어서 가장 극적인 사건 중 하나이다. 바울 같은 회심과 소명의 경험을 아무나 하는 것은 아니다. 이후에도 바울은 자신의 회심과 소명이 매우 극적인 사건이었음을 숨기지 않고 고백했다.

"곧 계시로 내게 비밀을 알게 하신 것은 내가 먼저 간단히 기록함과 같으니, 그것을 읽으면 내가 그리스도의 비밀을 깨달은 것을 너희가 알 수 있으리라. 이제 그의 거룩한 사도들과 선지자들에게 성령으로 나타내신 것같이 다른 세대에서는 사람의 아들들에게 알리지 아니하셨으니, 이는 이방인들이 복음으로 말미암아 그리스도 예수 안에서 함께 상속자가 되고 함께 지체가 되고 함께 약속에 참여하는 자가 됨이라. 이 복음을 위하여 그의 능력이 역사하시는 대로 내게 주신 하나님의 은혜의 선물을 따라 내가 일꾼이 되었노라"(엡 3:3-7)

무엇보다 바울의 회심의 특징은 곧바로 소명을 수행하는 일로 이어졌다는 것이다. 바울은 회심하자마자 예수를 '하나님의 아들'이라 선포했으며(행 9:20), 아라비아지역[17]으로 가서 거의 3년 동안 복음을 전파했다(갈 1:17).[18] 이후의 여정은 사도행전과 그의 서신서들에 기록된 대로 이방지역을 향한 선교사역을 수행하면서 일생을 헌신했다. 주후 64년경 로마에서 순교했다.

위로부터 들려온 목소리

바울의 일생은 인간적인 차원을 초월한다. 평범한 인간의 일로 보기 어려운 사례들이 즐비하다. 그렇다면 바울의 이 놀라운 소명과 사역의 시작은 어디서부터인가? 그것은 바로 다메섹으로 가는

---

17 다메섹 근처 수리아 광야지대로 본다.
18 이 일로 나바티아의 아레다 4세 왕(주전 9~주후 40년까지 통치)은 바울에 대한 체포령을 내렸고 바울은 할 수 없이 예루살렘으로 가서 15일 동안 머물면서 사도들과 교제하고 이루 고향 다소로 돌아가 바나바가 자신을 찾아 안디옥교회로 데리고 가기까지 머물렀다.

도상에서 갑자기 위에서부터 찾아온 주님과 만남부터이다. 이 극적인 만남은 바울을 전혀 다른 차원의 존재로 변화시켰다. 행 9:1-9에 기록된 그의 극적인 변화의 과정을 다시 들여다보자(참고: 22, 26장).

　1. 바울(사울)은 대제사장으로부터 공문을 받아들고 예수 믿는 자들을 체포하여 예루살렘으로 압송하기 위해 지금 다메섹으로 가는 길이었다(1-2절). 엄격한 유대주의자였던 그의 모습에 대해 성경은 "여전히 위협과 살기가 등등하다"(1절)고 기록한다. '여전히'ἔτι, still는 본 절의 사건을 그 이전의 사건과 결부시키는 구실을 한다. 앞서 스데반 사건으로 말미암아 예루살렘의 헬라파 그리스도인들은 사방으로 흩어졌다. 그러나 바울은 그들을 그냥 바라보지 않았다. 지구 끝까지라도 찾아가 완전히 소탕하고자 했다. 그에게 있어서 그리스도인은 자신의 조국과 민족 및 유대교에 가장 해악된 존재라고 생각했음에 틀림없다. 그는 그야말로 "죄인 중의 괴수"(딤전 1:15)였다. 바울은 '여전히' 위협적인 인물이었다.

　2. 바울은 다메섹으로 가는 길이었다(3절). 그곳에 유력한 그리스도인들이 많이 정착했다는 정보를 입수했을지 모른다. 이대로 두면

언젠가는 다메섹의 그리스도인들이 세를 규합해 예루살렘을 무너뜨릴 것이라고 예상했을 수 있다. 다메섹(헬. 다마스코스)은 당시 이스라엘의 최북단이자 수리아에 속한 작은 성읍이었다. 바울 당시엔 나바티아 공국의 아레다 4세가 통치하던 때로 상당히 자유로운 시민 활동을 보장받는 곳이어서 많은 초기 신자들이 이곳으로 몰려와 살았으며 4세기경에는 자체 감독을 선출할 만큼 초대교회에서 비약적인 성장을 이룩한 지역이기도 했다. 그런 점에서 먼 나라 지역까지 찾아가 그리스도인들을 체포하려는 바울의 지독함이 엿보인다.

3. 그러나 바울은 처음 가졌던 과업을 시작도 해 보지 못하고 도중에 중단해야 했다. 왜냐하면 다메섹으로 가는 도상에서 그는 매우 신비한 경험을 했기 때문이다. 갑자기 그에게 '하늘로부터 빛'ª light from heaven이 비추어진 것이다. 여기서도 행 2:2처럼 '홀연히'라는 단어를 사용하여 성령의 급박하고 전격적인 임재를 표현하고 있다. 다만 2:2에선 '급하고 강한 바람 같은 소리'라고 하면서 청각작용의 하나로 성령의 역사를 증거한 반면에 여기선 '빛'이라는 시각적 효과와 함께 하늘로부터 소리가 들렸다는 점에서 성령의 다양한 역사를 나타내고 있다. 또 하나 다른 점은 오순절의 성령강림은 다락방에 모인 모든 이에게 주어진 특이한 은사, 즉 여러 방언

의 역사로 이어졌지만, 바울의 경우엔 단지 바울에게만 일어난 특이한 현상이라는 점이다. "홀연히 하늘로부터 빛이 저를 둘러 비추는지라"(9:3)

4. 그 순간 바울은 땅에 엎드려졌다(4절). 영어 성경 ESV는 이것을 'falling to the ground'라고 하였는데 직역하면 '땅바닥으로 내다 꽂혔다' 정도의 의미를 가진다. 여기서 놓치지 말아야 하는 것은 바울이 스스로 땅에 엎드린 것이 아니라 무언가 강한 힘에 의해 자기도 모르게 땅바닥으로 넘어졌다는 것이다. 이것은 강력한 타자의 힘에 장악된 수동적인 반응으로서 '불가항력적 은혜'Irresistible Grace의 전형적인 사례에 속한다.

5. 이어 바울의 귀에 하늘로부터 나는 소리가 들렸다. "사울아 사울아 네가 어찌하여 나를 핍박하느냐"(4절). 이 말씀을 통해 우리는 즉각 주님과 교회가 하나라는 것을 직감한다. 사울로 불린 회심하기 전의 바울은 예수님을 만난 적도 없고 예수님의 가르침을 배운 적도 없는 사람이다. 다만 기독교회와 그리스도인들을 분열주의자로 오해하고 그들을 잔멸하기 위해 독을 품고 그리스도인들을 찾아 체포하고 교회를 박살 내기 위해 동분서주한 사람이다. 그런데 예수님은 바로 바울의 이 행동이 자신을 핍박하는 것으로 단언

하신 것이다. 예수님은 이 말씀을 통해 교회와 자신이 하나라는 것을 선언하셨다. 나중에 바울의 교회관은 이런 경험에서 기초하여 발전되었음을 알 수 있다.

6. 하늘의 소리에 놀란 바울은 하늘에 대고 "주여 누구십니까?"(5절) 라고 물었다. 여기서 바울이 하늘의 소리의 주인공을 '주'라고 호칭한 것을 유념하라. 이 호칭은 본능적이다. 어떤 스님이 낭떠러지에 떨어질 뻔한 순간에 '아이쿠 하나님'이라고 소리쳤다는 우스운 이야기가 있듯이, 인간은 목숨이 경각에 달렸거나, 결정적으로 위험한 지경에 이르렀을 때 자신도 모르게 하나님을 찾는다. 아마 하나님이 인간의 깊은 속내에 그런 반응과 감지의 장치를 숨겨 두셨기 때문일 것이다. 칼빈은 모든 인간에게 '양심'의 기능이 내재되었다고 보았다. 이 양심은 주로 '종교의 씨앗'으로서 신을 감지하는 기능이 된다고 하지만 그의 <기독교강요>에서 양심은 주로 도덕적 판단의 기본장치로 기능하는 것으로 설명한다. 그의 진술에는 위험을 감지하는 본능적 기능에 대해선 언급이 없다. 소위 '위험감지기능'은 별도의 기본장치가 작동하는 것은 아닐까? 그래서 모든 인간은 위험을 직감하는 순간에 '하나님'을 찾는 것이 아닐까?

7. 바울의 물음에 주님은 "나는 네가 핍박하는 예수라"(5절)고 대

답하신다. 하나님은 인간으로부터 자신의 정체성에 대해 두 번 질문을 받으셨다. 아브라함은 하나님과 대화를 하면서 한 번도 하나님이 누구신지 묻지 않았다. 이런 아브라함에 대해 성경은 "아브람이 여호와를 믿으니 여호와께서 이를 그의 의로 여기시고"(창 15:6)라는 기록으로 아브라함의 믿음을 증언했다. 아브라함은 그냥 하나님은 하나님이심을 믿었다. 웨스트민스터 신학교에서 평생 변증 신학을 연구하고 가르친 반틸Cornelius VanTil, 1895-1987은 스콜라 신학자, 특히 토마스 아퀴나스 등으로 대표되는 후기 스콜라 신학의 '신 존재 증명' 등의 철학적 방식을 거부했다. 반틸은 하나님이 계시는지 계시지 않으신지는 논의의 대상이 아니라고 했다. 그는 하나님은 당연히 존재하시는 '필연적인 존재'로 전제하고 기독교의 철학과 교리와 신학을 전개했다.[19]

그러나 모세는 하나님이 누구신지 궁금했다. 백성에게 하나님을 어떤 분이라고 소개해야 하는지 궁금했다. 이에 하나님은 "나는 스스로 있는 자"I am who I am이라고 대답하셨다. 이 말씀에는 그 누구도 하나님의 존재를 부정하거나 외면하거나 멸시할 수 없다는 강력한 의사가 포함되어 있다. '스스로 존재하는 존재'는 '스스로 존재하지 못한, 누군가에 의해 존재하게 된 존재'로부터 시험받거나 증명받아야 할 대상이 아님을 천명한 대답이시다. 하나님의 자기

---

19 이승구, <코넬리우스 반틸>, 살림, 2012. 초판2쇄, 52-53쪽.

존재에 대한 이 언급은 절대적 명제다. 절대적 명제는 처음부터 존재하는 유일한 존재에 대한 일컬음이다. 하늘은 땅으로부터 당신은 왜 하늘이냐고 스스로 증명해 보라는 요구에 응할 필요가 없다. 하늘은 처음부터 하늘이다.

　그런데 오늘 예수님은 자신이 누구이냐는 질문에 가장 현실적이며 현재 상존하는 문제를 논하신다. "나는 네가 핍박하는 예수다"는 대답은 바울에게 직격탄이다. 이 목소리를 듣는 순간 바울은 까무러쳤다. 그는 생전에 예수님과 일면식도 없었고 직접 그의 목소리를 들은 적도 없었다. 녹음기도 없던 시절이었으므로 예수님의 녹음된 음성이 있었을 리 만무하다. 그리고 이미 예수는 죽은 사람이었다. 뼛속까지 유대교인이었던 바울이 예수가 죽었다 살아났다는 이상한 소문을 믿을 가능성은 전무했다. 그런데 죽은 사람의 음성이 그의 귀에 들린 것이다. 죽은 사람의 목소리를 듣다니! 바울은 자신의 귀를 의심했을 것이다. 잘못 들었다 생각하고 귀를 후벼 팠을지 모른다. 그런 바울에게 주님은 계속 말을 이어갔다. 죽은 예수는 바울의 귀에 "왜 네가 나를 핍박하느냐"고 분명하게 따지셨다. 이 기막힌 경험은 이후로 바울로 하여금 '십자가 죽음'과 '부활'의 강력한 증인이 되게 하였다. 이 두 신학 명제는 바울 복음의 핵심이다. 바울 복음은 복잡하지 않다. 그는 죽은 예수님이 지금도 살아 있음을 생생하게 경험하고 그것을 증언하는 일을 소명으로 알고 실천했다. 그러므로 십자가 죽음이 사실^{fact}이었듯이 부활도 사실이었다. 바울의 믿음은 이 두 가지 사실에 기초한 믿음이었다.

8. 그런 다음 주님은 틈도 주지 않고 "네가 일어나 성으로 들어가라 행할 것을 네게 이를 자가 있느니라"(6절)고 바울에게 명령하셨다. 이것은 주의 은혜다. 주님의 사자^{messenger}는 즉시 행해야 한다. 머뭇거릴 필요가 없다. 주님은 자신의 메신저를 택하실 때 일일이 지난 일을 두고 이리저리 따져보고 책임 운운하지 않는다. 주님은 지금 즉시 행할 일을 명령하신다. 그것은 '일어나는 것'이며 '성안으로 들어가는 것'이며, '그곳에서 하나님이 예비하신 사람을 만나는 것'이다.

9. 이제 7절을 보라. 바울 곁에는 일행이 있었다. 일행은 바울의 갑작스럽고 이상스러운 행동에 어안이 벙벙했을 것이다. 그들은 아무 소리도 듣지 못했고, 하늘로부터 빛이 바울을 비추는 것인지도 느끼지 못하였다. 그런데 바울이 땅에 엎드려지더니 누군가와 대화를 하는 것이었다. 그러니 아무 말도 하지 못하고 그냥 서 있었을 뿐이다. 아, 은혜 없는 자들이여, 얼마나 불쌍한 인생들인가!

10. 바울은 주의 명령을 행하기 위해 자리에서 일어났다. 그리고

눈을 떴다. 그러나 아뿔싸, 바울의 눈이 멀었다(8절). 강력한 하늘의 빛 때문이었을까? 주님은 바울의 눈을 멀게 하셨다. 그 순간 바울의 하늘은 완전히 무너져 내렸을 것이다. 영문도 모른 채 사람들은 바울의 손을 잡아 이끌어 다메섹 성안으로 데리고 갔다. 그곳에서 바울은 3일 동안 보지도 못하고 식음마저 전폐하였다(9절). 이런 마당에 어떻게 음식이 입에 들어가겠는가.

그러나 바울은 거듭났다. 바울은 더 이상 예전의 사람이 아니었다. 그의 마음은 완전히 하나님의 선물들로 가득 채워졌다. 옛 마음은 사라지고 새마음이 지배했다. 존 프레임 John Frame 은 이 '새마음'이야말로 믿음을 소지한 가장 뚜렷한 특징이라 했다. 이것은 하늘부터 주어진 성령의 은혜와 역사의 결과이다. 이것은 '위로부터 거듭남'이다. 모든 그리스도인은 이 위로부터 거듭난 사람들이다. 누구든지 위로부터 나지 않으면 땅에 속한 자에 불과하다. 주님은 이것을 이렇게 말씀하셨다.

"예수께서 이르시되 너희는 아래에서 났고 나는 위에서 났으며 너희는 이 세상에 속하였고 나는 이 세상에 속하지 아니하였느니라"(요 8:23)

훗날 사도가 된 바울은 거듭나게 하는 성령의 사역을 실제로 체험하고 이렇게 증언했다. 그는 성령의 세례, 성령의 큰 구원의 역사가 아니고선 절대로 그리스도에게 속하지 못할뿐더러 하늘의 일을 알지도 못한다고 피력했다. 그대여, 하늘의 일을 아는가. 성령의 일을 체험하고 성령을 받았는가.

"만일 너희 속에 하나님의 영이 거하시면 너희가 육신에 있지 아니하고 영에 있나니 누구든지 그리스도의 영이 없으면 그리스도의 사람이 아니라"(롬 8:9)

"육에 속한 사람은 하나님의 성령의 일들을 받지 아니하나니 이는 그것들이 그에게는 어리석게 보임이요, 또 그는 그것들을 알 수도 없나니 그러한 일은 영적으로 분별되기 때문이라"(고전 2:14)

2부

위로부터
거듭남

"우리가 하나님과 함께 일하는 자로서 너희를 권하노니 하나님의 은혜를 헛되이 받지 말라. 이르시되 내가 은혜 베풀 때에 너에게 듣고 구원의 날에 너를 도왔다 하셨으니 보라 지금은 은혜 받을 만한 때요 보라 지금은 구원의 날이로다"(고후 6:1-2)

하나. 왜 거듭나야 하는가?

> "예수께서 대답하여 이르시되 진실로 진실로
> 네게 이르노니 사람이 거듭나지 아니하면
> 하나님 나라를 볼 수 없느니라"(요 3:3)

형식적 신앙인들

자연인들은 거듭나는 것과 거듭나지 못한 것의 차이를 모른다. 거듭남이란 참믿음을 갖는 순간 인간의 마음과 본성이 근본적으로 변화되는 것을 의미한다. 물론 신앙을 고백하고 그리스도인을 자처한다 해도 모두 다 같은 신앙인이라고 말할 수는 없다. 언제나 교회 안에는 형식적인 그리스도인들이 존재한다. 많은 개혁파 신앙고백서가 "유형교회 안에는 항상 선한 자들과 악한 자들이 섞여 있다"고 선언한다. 영국 성공회의 레티머 감독[20]은 "사람들은 두 종류다. 그중에 하나는 거듭나지도 의롭다 하심을 받지도 못한 사람들, 즉 구원받지 못한 사람들이다. 그들은 중생(마음의 변화)을 경험하지 못했기 때문에 그리스도를 영접했다고 말할 수 없다"고 했다.

형식적인 그리스도인은 가짜 그리스도인이다. 이것은 오늘날 교회에서도 발견된다. 이들은 교회라는 종교에 어느 정도 매력을 느끼거나 만족하고 교회에 다닌다는 사실만으로 스스로 위안을 얻는 부류다. 이들에게 교회 생활은 하나의 교양이자 문화생활의 방

---

20 카톨릭으로 회귀한 메리 여왕은 통치 기간 중 거의 300명에 가까운 개신교도들을 화형시켰다. 영국 성공회의 주교 레티머(Latimer)와 토마스 크랜머(T. Cranmer)도 순교자 중 하나다.

편에 불과하다. 이들은 거듭남이 무엇인지도 모르고 왜 자신이 거듭나야 하는지에 대해 고민하지 않는다. 어느 조사에 따르면 한국 교인들 46%가 거듭나지 않은 그리스도인이 있을 수 있다고 대답했다 한다. 더욱 우리를 놀라게 하는 것은 아주 극소수를 제외하곤 '거듭남'의 의미를 잘 알지 못한다는 것이다.

많은 개혁파 신학자는 오늘날 한국교회뿐 아니라 전 세계적으로 거듭남 즉, 중생은 잊혀진 교리가 되었다고 자조 섞인 푸념을 한다. 오히려 '거듭남'의 용어는 세상 사람들에게 더 애용되고 있는 실정이다. 스프로울 목사는 미국에서 일어나고 있는 몇 가지 사례를 우리에게 소개한다. 미국 닉슨 대통령의 고문이었으며 워터게이트 사건에 휘말리게 된 찰스 콜슨이 그리스도께로 회심했다 하고 <거듭남, Born Again>이라는 책을 썼는데 그 책은 수백만 부가 팔렸으며 같은 제목의 영화도 제작되었다. 그러나 그는 한 번도 신앙을 고백한 적이 없는 사람이었다. 한술 더 떠 흑표범단Black Panther의 지도자인 엘드리지 클리버와 월간 포르노 잡지인 <허슬러, Hustler>의 발행인인 레리 플린트까지 자신들이 거듭났다고 세상에 발표했다. 그들은 무신론자들인데도 말이다.[21] 이렇게 교회의 소수의 사람이 알고 있던 '거듭남'이란 용어가 갑자기 대중의 관

21 R. C. Sproul, <거듭남이란 무엇인가?>, 생명의 말씀사, 2012, 12쪽

심거리가 되고 뉴스거리가 되는 시절이다. 세상은 교회의 용어를 빌어 툭 하면 자신이 거듭났다고 말한다. 스프로울 목사는 한 가지 더 사례를 소개한다. 예를 들어 어떤 야구선수가 한 해 동안 성적이 저조했다가 그 다음 해에 성적이 좋으면 사람들은 그를 '거듭난 선수'로 부른다. 그러다 보니 '거듭남'의 용어는 참된 의미를 잃고 세상이라는 바다에 표류하고 있는 실정이다.

여기에 '거듭나지 않은 그리스도인'이라는 불필요하고 부조화의 용어가 새롭게 탄생했다. 사실, '거듭난 그리스도인' 혹은 '거듭나지 않은 그리스도인'이라는 용어는 부적절한 언어의 억지 조합이자 불필요한 중복이다. 그리스도인은 당연히 거듭난 사람이다. 거꾸로 거듭나지 않은 그리스도인이라는 개념은 모순이다. 거듭나지 않은 사람은 그냥 불신자이자 자연인이다. 그러나 이런 모순이 버젓이 우리 곁에서 등장한다. 그럼에도 우리는 왜 거듭나야 하는가? 라는 질문을 던지고 그에 대해 대답해야 한다. 이것은 하나님의 주권적 사역이지만 하나님은 이것에 대해 지금도 우리에게 질문하시는 명제다.

거듭남의 이유 혹은 필요성은 요한복음 3장에서 예수님이 니고데모와의 대화를 통해 충분히 밝히셨다. 이 말씀보다 더 확실한 말쓸은 없다. 이것은 하나님이 정하신 명령이자 절대적 법칙이다. 그러므로 모든 사람은 반드시 거듭나야 한다.

> "예수께서 대답하여 이르시되 진실로 진실로 네게 이르노니 사람이 거듭나지 아니하면 하나님의 나라를 볼 수 없느니라"(요 3:3)

다음으로 인간의 상태를 알게 되면 왜 인간이 거듭나야 하는가를 알게 된다. 거듭남이 필요한 이유는 우리의 본성이 죄로 부패했기 때문이다. '죄'(하마르티아)는 모든 죽음(사망)과 죽임(살인)과 부패와 타락과 거짓과 불경건과 무능의 원인이다. 이 죄의 결과에 대해 도르트총회는 '전적 타락'Total Depravity이라 규정했다. 이를 증언하는 성경 말씀은 도처에 널려 있다.

> "어리석은 자들은 그의 마음에 이르기를 하나님이 없다 하는도다 그들은 부패하고 그 행실이 가증하니 선을 행하는 자가 없도다. 여호와께서 하늘에서 인생을 굽어살피사 지각이 있어 하나님을 찾는 자가 있는가 하려 하신즉, 다 치우쳐 함께 더러운 자가 되고 선을 행하는 자가 없으니 하나도 없도다"(시 14:1-3)

> "주의 눈앞에는 의로운 인생이 하나도 없나이다"(시 143:2)

> "만물보다 거짓되고 심히 부패한 것은 마음이라 누가 능히 이를 알리요마는"(렘 17:9)

"또 이르시되 사람에게서 나오는 그것이 사람을 더럽게 하느니라 속에서 곧 사람의 마음에서 나오는 것은 악한 생각 곧 음란과 도둑질과 살인과 간음과 탐욕과 악독과 속임과 음탕과 비방과 교만과 우매함이나 이 모든 악한 것이 다 속에서 나와서 사람을 더럽게 하느니라"(막 7:20-23)

"다만 하나님을 사랑하는 것이 너희 속에 없음을 알았노라"(요 5:42)

"너희는 너희 아비 마귀에게서 났으니 너희 아비의 욕심대로 너희도 행하고자 하느니라 그는 처음부터 살인한 자요 진리가 그 속에 없으므로 진리에 서지 못하고 거짓을 말할 때마다 제 것으로 말하나니 이는 그가 거짓말쟁이요 거짓의 아비가 되었음이라"(요 8:44)

"기록된바 의인은 없나니 하나도 없으며 깨닫는 자도 없고 하나님을 찾는 자도 없고 다 치우쳐 함께 무익하게 되고 선을 행하는 자는 없나니 하나도 없도다"(롬 3;10)

"그러므로 한 사람으로 말미암아 죄가 세상에 들어오고 죄로 말미암아 사망이 들어왔나니 이와 같이 모든 사람이 죄를 지었으므로 사망이 모든 사람에게 이르렀느니라"(롬 5:12)

"육에 속한 사람은 하나님의 성령의 일들을 받지 아니하나니 이는 그것들이 그에게는 어리석게 보임이요 또 그는 그것들을 알 수도 없나니 그러한 일은 영적으로 분별되기 때문이라"(고전 2:14)

"그들의 총명이 어두워지고 그들 가운데 있는 무지함과 그들의 마음이 굳어짐으로 말미암아 하나님의 생명에서 떠나 있도다 그들이 감각 없는 자가 되어 자신을 방탕에 방임하여 모든 더러운 것을 욕심으로 행하되"(엡 4:18-19)

분명한 것은 태초에 인간을 향한 하나님의 최초 섭리는 어디까지 선했다. 아담과 하와가 범죄하기 전에는 그들에게 온전한 하나님의 형상이 있었다. 그러나 죄를 지은 후에 완전히 달라졌다. 칼빈주의는 죄를 지은 이후 상황을 타락, 부패, 무능력, 불가능이라는 4가지 주제로 요약하여 설명한다. 이 상태를 '날지 못하는 날개를 가진 새'에 비유한다.

중요한 것은 '죄'의 문제다. 어떤 인간도 이 죄의 문제가 해결되지 않고선 하나님과 바른 관계를 갖는 일이 불가능하다. 그런데 타락한 인간이 얼마나 죄를 좋아하는지 아는가. 인간의 마음은 자연스럽게 악을 추구한다. 우리는 우리 영혼의 원수를 사랑하고 우리 영혼의 창조자를 배반한다. 우리는 선을 악으로, 악을 선으로 바꾸어 부르며 그리스도 안에서 즐거워하기보다 세상 안에서 육체적 향락을 즐거워한다. 우리는 죄를 거부하지 않을 뿐 아니라 죄를 사랑한다.

그러므로 '거듭남'은 이 죄의 문제 해결과 깊은 연관이 있다. 우리는 온갖 죄를 씻고 죄의 권능에서 해방되어야 한다. 죄와 관련된 체질과 습관과 경향성 모두가 변화되어야 한다. 죄로 파괴된 하나님의 형상을 회복해야 하고 우리의 내면을 지배하는 무질서와 게으름과 혼란과 쾌락 지향성을 제거해야 한다. 이 일을 누가 하시는가? 바로 우리 주님, 성령 하나님이시다.

　주 예수 그리스도는 죄인을 구원하실 때 항상 두 가지 일을 행하신다. 하나는 죄인의 죄를 보혈로 씻으시고 값없이 용서해 주신다. 그리고 죄인을 의롭다 칭해 주신다. 이것을 교리적 용어로 '칭의' Justfication라 부른다. 다음으로 주님은 죄인의 마음에 성령을 부어주셔서 새로운 사람으로 거듭나게 하신다. 이것을 거듭남, 즉 교리적으로 '중생' Regeneration이라 부른다.

　그러므로 칭의와 중생은 구원 사역에 있어서 절대적으로 필요하다. 즉, 죄의 용서와 마음의 새로운 변화는 한 사람의 구원에 있어서 필수 요소이다. 죄의 용서, 즉 죄 사함이 없으면 천국에 들어갈 수 없고, 새로운 마음의 변화가 없으면 천국의 삶을 누릴 수 없다. 죄 사함과 거듭남은 불가분리의 관계다. 의롭다 하심을 받은 사람은 거듭난 사람이고 거듭난 사람은 의롭다 하심을 받은 사람이다.

왜 거듭나야 하는가? 라는 질문에 대한 유효한 대답이 여기에 있다. 죄인은 의로운 삶을 살지 못하지만 주님으로 말미암아 의롭다 하심을 받은 사람은 새 마음을 선물로 받아 더 이상 죄 된 삶을 살지 않는다. 전적으로 주님께 헌상된 새로운 삶을 살게 된다. '오직 하나님 영광Soli Deo Gloria'을 위한 인생으로 변화한다. 웨스트민스터 소요리문답 제1문답은 이렇게 말한다.

"제1문. 인생의 제일된 목적은 무엇입니까?
답. 하나님을 영화롭게 하고 그분을 즐거워하는 것입니다."

살아 있을 때

그러므로 세상 모든 교회에서 쉬지 않고 널리 선포되어야 할 말씀은 '거듭나야 한다'는 말씀이다. 이 메시지가 더욱 세차게 울려 퍼져야 한다. 더욱 중요한 사실은 우리가 살아 있을 때 거듭나야 한다는 것이다. 죽은 뒤엔 거듭날 기회조차 얻지 못한다. 구원받을 기회는 오직 현세 뿐이다. 당신은 천국에 들어가기를 원하는가? 당신은 지금 세상일이나 당신의 생계 활동으로 인해 매우 바쁘고 다른 경우를 생각해 볼 여지가 없는가? 그래서 당신은 지금 당신 영혼의 문제를 돌아볼 여유를 가지지 못하고 있는가? 아니면 당신은 거듭날 기회가 지금 아니라도 계속 있기 때문에 그렇게 서두를 필요가 없다고 보는가?

   그렇다면 당신은 지금 죽어 있고 앞으로도 계속 죽어 있을 것이다. 당신의 구원은 당신의 마음과 생각 속에만 존재하는 그림 속의 떡일 뿐이다. 안타까운 사실은 거듭남에 대해 절실함을 느끼지 못하는 부류가 비단 세상에만 있는 것이 아니라 지금 당신의 교회 안에서도 수두룩하다는 것이다. 대체 이들은 왜 거듭남에 대해 진지하게 생각하지 않으면서 왜 매 주일 열심히 교회당에 출근하는 것일까? 혹시 이들은 자신들의 거듭남을 가로막고 있는 것이 무엇인지 모르고 있는 것인가. 혹시 "믿기만 하면 구원을 받는다'는 잘못된 믿음의 지식을 가지고 있는 것은 아닌가. 믿음에 대한 인식의 부족이 중생의 교리, 거듭남의 필요성에 대해 절실함을 빼앗아 버린 것은 아닐까.
   신자는 성경에 게시된 '믿음'을 올바르게 배우고 실천해야 한다. 먼저, 믿음은 하나님 은혜의 선물이다. 믿음은 인간의 노력으로 획득되는 인위적이고 자연의 소산물이 절대로 아니다. 믿음은 하늘로부터 값없이 주어지는 하늘의 은사다. 다음으로 믿음은 '하나님의 약속'을 신뢰하는 것이다. 아브라함은 나이가 많았으나 새로운 땅과 자손의 번창에 대한 하나님의 약속을 믿었으므로 정들었던 고향을 버리고 미지의 땅 가나안으로 갈 수 있었다. 이를 두고 성경은 "아브람이 하나님을 믿으니 그를 의로 여겼더라"(창 15:6)고 증언한다. 하나님에 대한 무조건적이고 절대적인 신뢰와 의지가 믿음의 특징이다. 다음으로 믿음은 예수 그리스도가 우리의 구세주이시자 우리의 주님이 되심을 믿는 믿음이다. 신약시대에 많은 사람이 예수를 하나님의 아들로, 그리고 메시아이자 구세주로 믿었다. 더불어 인간의 구원이 예수 그리스도를 믿는 신앙에 기초한다는 것을 강조한다. 사도 바울은 "모든 믿는 자에게 구원을 주시는 하나님의 능력이 됨이라"(롬 1:16)며 믿음과 구원을 연결시켰다.

종교개혁가로서 개혁파교회의 창시자인 존 칼빈은 믿음에 대해 이렇게 정의했다.

"믿음을 가리켜, 우리를 향하신 선하심을 아는 확고하고도 분명한 지식으로서 그리스도 안에서 값없이 주신 약속의 진리에 근거하는 것이며, 성령으로 말미암아 우리의 지성에 게시되고 우리의 마음에 인 쳐진 것이라 부른다면, 이제 우리는 믿음에 대한 올바른 정의에 이른 것이라 할 것이다"[22]

---

22 존 칼빈, <기독교강요> 3-2-7.

믿음에 대한 올바른 정의 혹은 이해 없는 신앙생활보다 더 위험을 초래하는 일은 없을 것이다. 오늘날 많은 교인, 즉 교회당에 출석하는 사람들에게 나타나는 가장 안타까운 사실 중 하나는 자신들이 가진 믿음을 오해하거나 오용하고 있다는 사실이다. 이런 사람들 대개 거듭남에 대해 무지하거나 관심이 없거나 거듭남을 오용한다. 이런 사람들이 기독교회의 능력과 질서와 평화로움을 훼방하고 깨트리는 주범들이다.

무엇보다 세속의 문화는 한 사람의 거듭남에 치명적인 장애물이다. 특히 젊은 세대일수록 세속주의에 장악되어 거룩한 주의 도를 접하는 빈도가 점점 희박해 지고 있다. 세속주의는 한 사람의 인간을 비인격적인 존재로 제작한다. 인격의 형성에는 긴 시간의 노력과 끈기와 인내와 고통을 극복하려는 의지가 요구된다. 그러나 불행히도 세속의 물결은 이런 인격적인 요소들을 제거하고, '쉽게, 편하게, 바르게'의 방향으로 미숙한 자들을 이끌어 간다. 특히 소위 MZ 세대들이라 하는 전무후무한 특징을 가진 이 새로운 세대는 완전히 믿음을 상실한 세대로 기록되고 있다. 거듭남의 교리는 이들에게 반드시 가르쳐지고 주입되어야 할 교회의 생명임을 유념해야 한다.

참고: 젊은 부모들에게 보내는 편지

시인 정호승은 '색채는 빛의 고통이다'고 노래했습니다. 빛은 우리에게 아름다운 빛깔을 주기 위해 많은 고통을 감내한다는 것을 가르쳐주는 시인의 지혜입니다. 인생 또한 고통을 통과하지 않고선 아름다워질 수 없습니다. 사랑도 고통을 겪은 뒤에야 열매를 맺습니다. 고통 없는 인생은 없습니다. 고통과 인생은 동의어입니다. 또한 고통은 우리가 살아 있다는 반증입니다.

그렇다고 고통은 영원한 지옥이 아닙니다. 기차는 언제나 푸른 들판을 달리는 것이 아니라 가끔 어두운 터널 속을 달릴 때도 있습니다. 그러나 기차가 터널 속을 영원히 달리는 것은 아닙니다. 설국열차처럼 정해진 코스를 빙빙 도는 것도 아닙니다. 장마 끝에 돋는 햇살이 평화를 선사하는 것처럼 모든 고통의 뒤엔 상상을 뛰어넘는 인생의 선물이 기다리고 있습니다. 신앙의 시련에는 이미 하나님의 은혜의 선물이 담겨 있습니다.

요즘 젊은 세대(특히 MZ)에 대해 가장 걱정하고 우려하는 부분이 하나 있다면 그들이 고통을 기피하고 편안한 인생만을 추구한다는 것입니다. 지각없는 부모가 '오직 사랑, 오직 자율'을 근거로 '무개념, 무원칙, 무질서'의 양육을 했기 때문이기도 하지만 세속의 문화가 그런 방향으로 흘러가고 있는 것이 가장 큰 원인일 것입니다. 이런 아이들이 자라서 믿음을 가진다 해도 시련이 닥치면 금방 쓰러지고 포기해 버리지 않는다고 장담할 수 있겠습니까? 손 하나 까딱하기 싫어하는 아이가 당신의 가정 안에 있다면 그것은 하나님 앞에서 당신이 추궁받아야 할 큰 죄책일 것입니다. 우리 아이들을 말씀 안에서, 하나님의 법과 원칙으로 잘 키웁시다.

둘. 거듭남이란 무엇인가?

> "예수께서 대답하시되 진실로 진실로 네게
> 이르노니 사람이 물과 성령으로 나지 아니하면
> 하나님의 나라에 들어갈 수 없느니라"(요 3:5)

니고데모

　예수님은 밤중에 자신을 몰래 찾아온 니고데모에게 "진실로 진실로 네게 이르노니 사람이 거듭나지 않으면 하나님의 나라를 볼 수 없느니라"(요 3:2)고 말씀하셨다. 이 말씀은 한 사람이 구원을 받기 위해 반드시 거쳐야 하는 필수적인 조건이자 과정을 선포한다. 즉 누구든지 거듭나지 않으면 천국에 가지 못하고 지옥에 간다는 매우 간명한 지침이다.

　니고데모는 무엇이 갈급하였기에 예수님을 몰래 찾은 것인가? 니고데모는 바리새인으로서 유대교와 율법에 관한 학문적 지식과 적절한 지위를 가진 유력가였다. 그러나 언젠가부터 그는 자신의 종교 생활에 환멸을 느끼기 시작했다. 그에게 더 이상 종교는 필요치 않았다. 그에게 필요한 것은 생명, 즉 영적 생명이었다. 그런데 그 앞에 이 생명의 문제를 해결할 수 있는 주님이 오셨다. 니고데모는 그동안 예수님의 사역을 통해 진정한 하나님의 행위를 보았다. 그래서 그는 체면불구하고 예수님을 찾아왔다. 그는 예수님을 보자마자 "랍비여 우리가 당신은 하나님께로부터 오신 선생인 줄 아나이다. 하나님이 함께 하시지 아니하시면 당신이 행하시는 이 표적을 아무도 할 수 없나이이다"(요 3:2)며 자신이 갈급하고 있는 문제의 해결을 강력히 원했다. 그런 니고데모에게 예수님은 어떤 기적을 선보인 것이 아니었다. 다만 "네가 반드시 거듭나야 하리라 그러지 않으면 절대로 하나님 나라를 보지 못하리라"고 말씀하셨을 뿐이다. 즉, 주님은 니고데모에게 인생에서 최우선적인 과제는 당신처럼 영적 갈증에 처한 이에게 갈증을 해소시켜주거나, 표적 등 크고 작은 능력을 발휘하여 사람들을 놀라게 하거나, 병자들을 불쌍히 여기고 병을 치료해 주거나, 가난한 자들에게 먹을 음식을 제공하거나, 사람들의 관심 사항에 대해 좋은 답을 해 주는 등 사람들의 필요를 채우는 일이 아니라, 한 사람도 예외없이 '거듭나야 한다'고 말씀하신 것이다. 거듭남이 없는 인생은 무의미하다고 말씀하신 것이다. 주님은 실상 니고데모에게 진짜 살 수 있는 길을 가르쳐주신 것이다.

그렇다면 거듭나지 않은 사람은 어떤 사람인가? 예수님은 거듭나지 않으면 "하나님의 진노가 그 위에 머물러 있느니라"(요 3:36)는 말씀으로 거듭나지 않은 사람의 상태를 요약해 주셨다. 또 예수님은 거듭나지 않은 지도자들을 향해 "화 있을진저 외식하는 서기관들과 바리새인들이여 너희는 교인 한 사람을 얻기 위하여 바다와 육지를 두루 다니다가 생기면 너희보다 배나 더 지옥 자식이 되게 하는도다"(마 23:15)고 질타했다. 이 말씀들을 통해 주님은 니고데모뿐 아니라 모든 사람은 반드시 거듭나야 하고 거듭나야 하는 이유는 바로 하나님 나라에 들어가기 위함이라고 단언하신다. 우리는 하나님 나라, 영원한 천국에 가기 위해, 이 땅에서 반드시 거듭나야 한다.

그렇다면 거듭남이란 무엇인가? 거듭남이 무엇이냐에 대한 답변은 다양하고 가지각색이고 풍성한 개념으로 설명할 수 있다. 마치 하늘의 해와 달과 별과 바람과 구름과 폭풍우 소리를 다 다르게 표현하는 시인들처럼 거듭남이라는 신비는 그것을 경험한 사람들만큼 다르게 표현될 수 있다.

그러나 중요한 것은 거듭남에 대해 성경이 무엇이라 하는 가이다. 성경은 언제나 거듭남을 구원의 사역과 관련하여 설명한다. 즉 거듭남은 구원받은 백성에 한해 적용되는 개념이다. 구원받지 못한 사람에게는 이 개념은 적용되지 못한다. 그래서 사도 바울은 거듭남은 옛 신분, 즉 교리적으로 전적으로 타락한 상태에 놓인 자연인의 상태를 벗어나 성령님으로 말미암아 완전히 이전의 상태를 벗어버린 "새로운 피조물"(고후 5:17)이라 부른다.

그러므로 그리스도인은 단순히 '착한 사람' 정도가 아니다. <순

전한 기독교>의 저자 루이스^{C. S. Lewis, 1898-1963}는 헬라어에 나타난 두 가지 종류의 생명(삶)을 말하는데, 하나는 '비오스'^{bios}요, 다른 하나는 '조에'^{zoe}다. 전자의 생명은 일반적으로 각 사람이 소유하고 있는 생명을 가리킨다. 다시 말해서 생물학적인 생명으로 음식, 공기, 물 등과 같은 것에 의해 유지되나 마침내는 죽음으로 끝나는 유의 생명이다. 반면에 후자의 것, 조에는 영적인 생명을 가리키는데 우리가 다시 태어날 때 하나님이 주시는 생명을 말한다. 이 생명은 영원히 계속되는 삶이다. 성경의 계시를 통해 익히 아는 바대로 인간의 불순종과 타락은 인간이 하나님으로부터 부여받은 영적인 생명을 상실하게 만들었다. 그러므로 중생은 이 '조에'를 다시 획득하는 것으로 설명할 수 있다.

신학적 의미

한편, 신학적으로 거듭남은 '중생'^{regeneration}, 혹은 '신생'^{new birth}이라 부른다. 이 스데반은 중생에서 무거울 重의 의미를 하나님의 영광을 의미하는 히브리어 '카보드'(무겁다)라는 뜻으로 풀이하면서, 중생은 무겁고 중대한 출생을 가리킨다고 해설했다.[23] 아무

---

23 이 스데반, <중생이란 무엇인가?>, 부흥과 개혁사, 2012, 19쪽.

튼 '중생'이라는 용어는 구원의 서정중에서 핵심적인 위치를 차지한다. 즉, 거듭남이 없이는 참된 회개를 할 수 없고 믿음을 부여받을 수도 없으며 구원을 받을 수도 없다. 그러므로 거듭남은 구원이냐 구원이 아니냐를 가르는 시금석이 된다. 그런데 이 '중생'(팔링게네시아)이라는 헬라어는 오직 마 19:28과 딛 3:5(신생)[24]에서 발견된다. 이 용어는 몇 가지 신학적 의미를 지닌다.[25]

1. 중생은 하나님의 창조 사역이며, 따라서 이 사역에서 인간은 완전히 수동적이며 인간의 협력을 전혀 필요로 하지 않는다.

2. 이로 인해 인간은 그리스도와 함께 살아나 부활의 삶에 참여하게 되며, 따라서 새로운 피조물이라고 불릴 수 있다.

3. 중생에서는 두 가지 요소, 즉 '새 생명의 발생'generation과 새로운 생명이 감추어진 심연에서 표출되는 '출생'bearing을 구분해야 한다. 전자는 영혼 안에 새로운 생명의 원소가 주입되는 것이며, 후자는 이 원소가 행동으로 나타나는 것이다.

---

24 여기선 온 우주가 새롭게 갱신되는 것을 칭하고 있다. 즉 벧후 3:13과 계 21:1-4에 언급하는 '새 하늘과 새 땅'을 말한다.
25 루이스 벌코프, 권수경, 이상원 역, <벌코프 조직신학>, 크리스찬 다이제스트, 2006(중쇄), 714쪽.

이 거듭남에 대해 많은 신학자가 나름대로 연구의 결과물들을 내놓았다. 기독교 신학 안에서 이 주제만큼 많은 사람의 연구 대상이 된 것도 없다. 한 마디로 '당신은 거듭났습니까?'라는 질문은 '당신은 진짜 그리스도인이 되었습니까?' 하는 질문과 같다. 이 질문을 염두하고 몇몇 대표적인 개혁파 신학자들의 견해를 살펴보자.

먼저, 네덜란드의 개혁파 신학자인 아브라함 카이퍼 **Abraham Kuiper, 1837~1920**는 그의 <성령의 역사, The Work of Holy Spirit>에서 거듭남을 보이지 않는 성령의 역사이자 영적 실상이라고 했다.

> "성령님은 눈에 보이지 않는 형태로 나타난다. 그분은 무형의 허공에서 나오시는 적이 절대로 없다. 불가해한 그분은 여전히 신비로 남아 있다. 그분은 바람이라서 우리가 그분의 소리는 듣지만 어디에서 와서 어디로 가는지는 알지 못한다. 그분을 볼 수도 없다. 성령과 성령의 중생 사역은 눈에 보이지 않기 때문에 신비하다. 그러나 사람의 안에서 일어나나 중생은 실제로 그 사람을 변화시키는 영적 실상이다"[26]

네덜란드의 개혁파 신학자 바빙크 **Hermann Bavinck, 1854-1921**는

---

26 R. C. Sproul, <거듭남이란 무엇인가?>, 생명의 말씀사, 2012, 43-45쪽. 재인용

모든 구원의 서정을 크게 두 가지로 나눈다. 하나는 구원의 획득이요, 다른 하나는 구원의 적용이다. 전자는 그리스도를 통해 언약의 방식으로, 즉 언약의 중보자와 머리인 그리스도를 통해 발생되었던 것처럼 후자, 즉 구원의 적용 역시 반드시 그와 동일한 방식으로 발생되어야 한다고 주장했다.

> "그러므로 중생, 믿음, 그리고 회개는 그리스도와 은혜 언약과 상관 없이 발생하는 준비들이 아니며, 인간이 이 언약 가운데 포함되도록 먼저 전적으로 혹은 부분적으로 자신의 힘으로 만족시켜야 할 조건들도 아니다. 하지만 그것들은 이미 은혜 언약, 신비적 연합, 그리스도의 인격적 제공에서 흘러나오는 유익들이다" [27]

조직신학적 차원에서 '구원의 서정'the Order of the Salvation을 확립한 미국 웨스트민스터의 저명한 조직신학자였던 존 머레이John Murray, 1898-1975는 '중생'에 관한 한 최고의 전문가이다. 그는 철저히 성령의 사역에 의한 '중생'의 신학적 의미를 세심하게 살피고 논했다.

> "'성령으로'(에크 프뉴마토스) 태어나는 것은 오염의 정화(물세례도 포함)와 생명의 분여를 수반한다.(중략) '게네테나이'(나다), 즉 하나

---

27 헤르만 바빙크, 박태현 역, <개혁교의학 3>, 부흥과 개혁사, 2014(7쇄), 650-651쪽.

님 나라에 들어가는 것은 자연의 영역에서의 우리의 출생과 마찬가지로 우리의 수동성을 수반하는 방법에 의해서이다. 우리는 전적으로 성령의 작용에 의존한다. 성령이 유일한 행위자이며 창시자이다. 사람은 유일한 창시자인 성령의 행위의 대상이다. 신인 협력 또는 협동에 의해서 하나님 나라에 들어가는 것이 아니다. 이제 우리는 이 생명에 들어가고 하나님의 나라 안으로 태어난 것은 성령의 결단과 결정과 작용에 의해서라는 것을 알았다"[28]

바빙크의 훌륭한 계승자이자 미국 칼빈신학교의 조직신학 교수로 섬겼던 안토니 A. 후크마Anthony Andrew Hoekema, 1913-1988는 세 가지 의미로 고찰했다.

 1) 중생이란, 새로운 영적 생명의 시작을 의미하는데 이것은 성령에 의해 우리 안에 심기어지며 우리로 하여금 회개하고 믿음에 이르도록 하는 의미에서의 중생이다(요 3:3,5).
 2) 심겨진 새 생명이 처음으로 나타날 때를 가리켜 중생이라고 하기도 한다(약 1:18, 벧전 1:23).
 3) 하나님의 창조세계가 최종적인 완성의 상태에 이르는 것을 중생이라 하기도 한다(마 19:28).

R. C. 스프로울은 카이퍼를 따라서 거듭남은 신비라고 했다.

---

28 존 머레이, 박문재 역, <존 머레이 조직신학>, 크리스챤 다이제스트, 2008, 194-195쪽.

"예수님은 밤에 몰래 찾아온 니고데모에게 "육으로 난 것은 육이요 영으로 난 것은 영이니"(요 3:6) 라고 대답하셨다. 니고데모는 분명 예수님의 말씀의 의미를 깨닫지 못했다. 그러나 예수님은 육체적 재탄생이 아니라 영적인 재탄생을 염두한 말씀이셨다. 예수님은 중생regeneration에 대해 이야기하고 있었다, 접두어 're'를 주목하라. 그것은 '다시'라는 의미다. '낳다generate라는 말은 '되다' 혹은 '발생하다'는 의미다. 이처럼 예수님은 뭔가가 반드시 일어나야 한다고 말씀하신 것이다. (중략) 예수님은 자신이 영적인 것들에 대해 말씀하고 계시다는 사실을 확증하고 나서 "내가 네게 거듭나야 하겠다 하는 말을 놀랍게 여기지 말라"(요 3:7)고 덧붙이셨다. (중략) 그 신비에 대해 예수님은 다음의 말로 더욱 심화시켜셨다. "바람이 임의로 불매 네가 그 소리는 들어도 어디서 와서 어디로 가는지 알지 못하나니 성령으로 난 사람도 다 그러하니라."(요 3:8)[29]

J. I. 패커[1926~2020]는 중생을 회개와 믿음과 연관시켜 보았다.

"예수께서 요한복음 3장에서 니고데모와의 대화에서 강조하고 있는 것은, 중생이 없이는 초자연적인 구세주에 대한 믿음의 역사, 회개, 진정한 제자도가 없다는 것이다. (중략) 중생은 단독적independently이다. 전적으로 성령 하나님만의 사역이다. 중생은 영적으로 죽은 사람들 중 선택된 자들을 그리스도 안에서 새로운 삶으로 일으키는 것이다(엡 2:1-10)"[30]

---

29 R. C. Sproul, <거듭남이란 무엇인가?>, 생명의 말씀사, 2012, 31-42쪽.
30 이 스데반, <중생이란 무엇인가?>, 부흥과 개혁사, 2012, 20-21쪽.

대신의 설순 조석만 박사1934-2017는 교회 역사 안에서 중생에 대한 의미는 항상 넓은 의미와 좁은 의미로 사용되어왔다고 소개한다.

"칼빈의 경우는 아주 넓은 의미로 회심과 성화를 포함하여 사람이 새롭게 되는 과정 전체를 나타내기 위해 사용되었다. 그러나 17세기 이전의 개혁파 신학자들은 대체로 중생을 구원의 과정(질서) 전체의 실질적 변화를 의미하는 용어로서 성화와 동의적으로 또는 성화를 포함하는 모든 과정을 가리키는 말로 사용하였다. 그러나 웨스트민스트 신앙고백서에서는 중생이 신생과 회심에 있어서 인간이 새롭게 되는 출발이라 하였다. 이리하여 오늘날 개혁파에선 중생의 개념을 보다 엄밀하게 제한된 좁은 의미로 사용하여 하나님이 죄인에게 새로운 영적 생명을 주시는 하나님의 행위로 보고 있다." [31]

조석만의 충실한 제자인 조직신학자 박상경은 '중생'을 여덟 가지로 규정했다.[32]

1) 옛 인성의 성향이 근본적으로 변화하는 것이다. 그러므로 중생은 본질의 변화, 즉 실체의 변화가 아니라 인간의 영혼을 지배하는 성향이 근본적으로 변화하는 것이다
2) 지, 정, 의의 전적인 변화이다. 옛 인간성 속의 어떤 기능에만 변화

31 조석만, <조직신학 하>, 도서출판 잠언, 2001, 722쪽.
32 박상경, <조직신학 하>, 리폼드북스, 2022(증보판), 89-90쪽.

가 일어나는 것이 아니라 지, 정, 의지에 동시에 영향을 미치게 되는 것으로서 단순히 이성만을 비추거나 감정만을 유하게 하거나 의지에만 능력을 더하는 것이 아니라 회심을 가능케 하는 상태까지 옛 자아를 갱신renewal하는 일이다

3) 불가항력적 변화다

4) 초자연적 변화다

5) 불가항력적 은혜다

6) 전적 피동적이다

7) 주권적 은혜다

8) 단회적이다

다섯 가지

이제 머릿속을 정리해 보자. 무엇이 거듭남인가?

첫째, 거듭남, 곧 중생은 창세 전에 하나님의 적정하심과 선택하심으로 말미암아 하나님의 택자에게 주시는 은혜의 선물이다. 이 은혜는 창세 전에 하나님과 주 예수 그리스도와의 상에 체결한 '구속 언약', 즉 '은혜 언약'에 의해 그리스도 안에서, 그리스도를 통해 주어지는 일방적인 선물이다. "아들을 믿는 자에게는 영생이 있고"(요 3:36)

둘째, 우리가 하는 일이 아니라 우리에게 일어난 일이다. 인간의 영역에서 일어나는 일이 아니라 일방적인 하나님의 주권적 사역이다. 요한복음 1장 13절은 하나님의 자녀들을 가리켜 "혈통으로나 육정으로 사람의 뜻으로 나지 아니하고 오직 하나님께로부터 난 자들"이라 말씀하신다. 하나님이 인간을 거듭나게 하시는 것이다. 베드로도 "예수 그리스도를 죽은 자 가운데서 부활하게 하심으로 말미암아 우리를 거듭나게 하사"(벧전 1:3)라고 고백한다.

셋째, 거듭남은 새로운 생명을 분여 받는 일이다. 아담의 범죄와 타락과 함께 원죄 아래 태어나는 인간에겐 육체의 생명인 '비오스' 밖에 남아 있지 않게 되었다. 그런데 하나님은 당신이 택하신 자녀들에게 하나님의 주권적 방식을 따라 영원한 생명인 '조에'를 거듭남과 동시에 수여하신다. 그러므로 중생은 '조에'를 획득하는 순간이다. "살리는 것은 영이니 육은 무익하니라"(요 6:63)

넷째, 새로운 생명인 '조에'를 획득하는 것과 개인에게 적용하는 모든 사역은 오직 성령님의 단독적인 사역의 하나다. 거듭남은 오직 '성령으로'(에크 프뉴마토스) 말미암는다. 여기에 인간의 행위가 개입될 여지는 전혀 없다. 하나님과 인간의 협력에 의해 구원이 결정된다고 주장하는 세미 펠라기우스주의와 알미니우스주의는 틀렸다. 모든 하나님의 자녀는 거듭날 때 일방적으로 주어지는 하나님 말씀의 은혜를 통해 새롭게 태어날 뿐이다.

다섯째, 모든 하나님의 자녀는 거듭남으로 말미암아 그리스도와 연합된다. 여기서 중요한 것은 '연합한다'라는 능동이 아니라 '연합된다'는 수동이다. 거듭난 사람은 이제로부터 '그리스도의 것'이 된다, '그리스도의 것'이 아니면 하나님 나라에 들어갈 수 없다. "사람이 거듭나지 아니하면 하나님의 나라를 볼 수 없느니라"(요 3:3)

셋. 거듭남의 결과는 무엇인가?

> "악을 행하는 자마다 빛을 미워하여 빛으로 오지 아니하나니 이는 그 행위가 드러날까 함이요, 진리를 따르는 자는 빛으로 오나니 이는 그 행위가 하나님 안에서 행한 것임을 나타내려 함이라 하시니라"(요 3:20-21)

거듭남의 증거들

베들레헴 침례교회의 존 파이퍼John piper, 1946~는 거듭남은 다음 아홉 가지 사실과 연결된다고 해설한다.[33]

1) 하나님의 유효한 부르심 - "부르신 그들을 또한 의롭다 하시고"(롬 8:30)

2) 새로운 피조물 - "누구든지 그리스도 안에 있으면 새로운 피조물이라"(고후 5:17)

3) 하나님이 우리를 그리스도께로 이끄심 - "아버지께서 이끌지 아니하시면 아무도 내게 올 수 없으니"(요 6:44)

4) 하나님이 사람들을 아들에게 주심 - "아버지께서 내게 주시는 자는 다 내게로 올 것이요"(요 6:37)

5) 하나님이 우리 마음을 여심 - "주께서 그 마음을 열어 바울의 말을 따르게 하신지라"(행 16:14)

6) 하나님이 우리 마음을 비추심 - "하나님께서 예수 그리스도의 얼굴에 있는 하나님의 영광을 아는 빛을 우리 마음에 비추셨느니라"(고후 4:6)

7) 하나님이 우리의 돌 같은 마음을 제거하시고 살 같은 마음을 주심 - "너희 육신에서 굳은 마음을 제거하고 부드러운 마음을 줄 것이며"(겔 36:26)

8) 하나님이 우리를 살리심 - "허물로 죽은 우리를 하나님이 그리스

---

33 존 파이퍼, 전의우 역, <거듭남>, 두란노, 2009, 22-23쪽.

도와 함께 살리셨고"(엡 2:5)

9) 하나님이 우리를 그분의 가족으로 입양하심 - "너희는 다시 무서
   워하는 종의 영을 받지 아니하고 양자의 영을 받았으므로 우리
   가 아빠 아버지라 부르짖느니라"(롬 8:15)

그리고 그는 거듭남에 대해 사도 요한은 11가지의 증거를 제시
했다고 소개한다.[34]

1) 그분의 계명을 지킨다.(요일 2:3-4, 3:24)

2) 그리스도께서 행하신 대로 행한다.(요일 2:5-6)

3) 형제를 미워하지 않고 사랑한다.(요일 2:9, 3:14, 4:7-8, 20)

4) 세상을 사랑하지 않는다.(요일 2:15)

5) 아들을 시인하며 영접한다.(요일 2:23, 4:15, 5:12)

6) 의를 행한다.(요일 2:29)

7) 습관적으로 죄를 짓지 않는다.(요일 3:6, 9-10, 5:18)

8) 성령이 있다.(요일 3:24, 4:13)

9) 사도들의 말을 순종하는 자세로 듣는다.(요일 4:6)

10) 예수님이 그리스도이심을 믿는다.(요일 5:4)

11) 세상을 이긴다.(요일 5:4)

---

34 위. 153~156쪽.

한편, 진정으로 거듭난 자들은 모두 징표를 가진다. 거듭남의 표징이 없는 사람은 자신의 구원에 대하여 심각한 고민을 해야 한다. 우선 그 증거들은 성령의 열매로 나타난다.

> "오직 성령의 열매는 사랑과 희락과 화평과 오래 참음과 자비와 양선과 충성과 온유와 절제니 이 같은 것을 금지할 법이 없느니라"(갈 5:22-23)

증거와 믿음의 실천

다음으로 거듭남의 징표와 증거는 믿음의 실천, 즉 행함으로 연결된다. 야고보 사도는 행함이 없는 믿음을 죽은 것으로 보았다.

> "영혼 없는 몸이 죽은 것같이 행함이 없는 믿음은 죽은 것이니라"(약 2:26)

무엇보다 거듭난 사람은 회심의 주요한 특징 중 하나인 하나님 말씀인 성경을 가까이 하려는 마음에 사로잡힌다. 성경이 무엇을 말하고 있는 것인지 궁금해 한다. 그래서 성경을 읽고 성경공부에 참여하고 설교를 듣는다. 성경을 통해 그는 자신이 영원히 멸망할 심각하고 중대한 죄인임을 자각한다. 이 새로운 깨달음과 함께 성령님은 그 사람을 통회자복하도록 이끄신다. 그것은 새로운 삶에 대한 성찰이자 하나님께 드리는 최초의 기도가 된다.

"여호와는 마음이 상한 자에게 가까이 하시고 중심에 통회하는 자를 구원하시는도다"(시 34:18)

"그러므로 너희가 회개하고 돌이켜 너희 죄 없이 함을 받으라 이같이 하면 새롭게 되는 날이 주 앞으로부터 이를 것이요"(행 3:19)

거듭남에 있어서 성품의 변화도 수반된다. 사도 요한은 거듭난 사람을 '하나님에게로 난 자'(요 1:12-13)라 표현한다. 이 사람은 본질적으로 '빛의 자녀'이다. 사도 바울은 '빛의 자녀'에게 이렇게 주문했다.

"너희가 전에는 어둠이더니 이제는 주 안에서 빛이라 빛의 자녀들처럼 행하라"(엡 5:8)

이어서 바울은 빛의 자녀들의 주요한 세 가지 성품을 논한다.

"빛의 열매는 모든 착함과 의로움과 진실함에 있느니라"(엡 5:9)

개인차

    개인마다 거듭남의 징표는 그 정도에 있어서 차이가 있다. 어떤 사람들은 거듭남의 징표가 흐릿하여 식별하기에 몹시 어렵다. 그와 달리 거듭남의 징표가 너무나 또렷하고 확실한 사람들도 있다. 그러나 이 차이는 구원에 있어서 큰 영향을 미치지 않는다. 이미 시동을 걸고 출발한 차는 각자에게 주어진 의무, 즉 주어진 소명에 따라 역량과 순서와 속도를 조절 당한다. 성령님은 거듭난 모든 하나님의 자녀들을 자기만의 방식으로, 모든 개인에게 가장 적합한 방식을 적용하면서 구원의 종착 지점으로 이끌어 가신다.

    이 새로운 인생의 여정에서 각자가 유념할 것은 하나님의 법을 지키는 일이다. 각자의 위치에서 천국을 향해 출발한 차들은 하나님이 정하신 교통법을 준수하고 운행해야 한다. 영국 성공회의 홀 감독은 "중생의 증거는 우리의 행위와 태도에 있다"면서 우리가 하나님의 자녀라면 "새로워진 척하는 것이 아니라 새로워져야 한다"고 역설했다. 그는 "마음이 불결하고 손이 게을러 유익을 기치지 못하고 행실이 더럽고 부정하며 부패한 본성에 이끌려 산다면 그것은 아직도 옛사람이 살아 있다는 증거"라고 경고했다.

실제로 경계해야 할 것은 간혹 우리는 하나님의 자녀인 척한다는 것이다. 스스로 중생을 체험했다고 말하는 그리스도인 중에 스스로를 속이는 자들이 많다. 이런 사람은 아직도 예전처럼 "그 가운데서 살고있는"(골 3:7) 사람이다. 잠시 교회당에 출근하여 좋은 설교를 듣고 감동과 깨달음을 얻지만 이내 그 마음은 식어버려 다시 세상일을 탐닉한다. 이것은 심각한 위선이다. 위선은 정직한 자의 것이 아니라 가짜의 것이다. 이런 사람은 자신의 밥상 위에 거룩한 것과 불결한 음식을 마구 뒤섞어 놓고 그것을 즐겨 먹으려 하는 것과 같다.

체크 리스트

당신은 지금 거듭남의 유익을 어떻게 누리고 있는가? 거듭남에 대한 뚜렷한 징표도 없음에도 진지한 고민이나 혹은 확신도 없이 지금 교회에 나와 있는 것인가? 만약 그렇다면 지금이라도 거듭남의 7가지 체크 리스트 Check List를 통해 자신을 점검해 보라. 최고 최대의 진단은 아닐지라도 최소한의 검진은 될 것이다.

CH 1. 성경을 하나님의 말씀이라 믿고 사랑하며, 읽고 쓰고 묵상하고 공부하고 질문하는가?

CH 2. 자신의 거듭남에 대해 고민하고 기도하는가?

CH 3. 완전히 새로운 마음을 가지고 거룩한 성품의 변화를 일으키고 있는가? 혹시 당신의 옛 성품으로 인해 여전히 곁의 사람이 힘들어하거나 관계를 기피하는가?

CH 4. 하나님과 교회와 이웃을 은밀하게 섬기는 일에 최선을 다하고 있는가?

CH 5. 복음을 정말로 잘 이해하고 사랑하며 전파하는 일에 열심을 내고 있는가?

CH 6. 남의 돈을 가로채거나 몰래 숨기거나 돈을 지나치게 사랑하여 자린고비처럼 행하지 않는가?

CH 7. 당신의 얼굴 표정과 말투는 어떤가?

〈부록〉 요한 1서를 중심으로 본 거듭남의 축복

"나의 하나님이여 내가 주의 뜻 행하기를 즐기오니 주의 법이 나의 심중에 있나이다"(시 40:8)

"사랑하는 자들아 우리가 서로 사랑하자 사랑은 하나님께 속한 것이니 사랑하는 자마다 하나님으로부터 나서 하나님을 알고 사랑하지 아니하는 자는 하나님을 알지 못하나니 이는 하나님은 사랑이심이라"(요일 4:7-8)

"하나님께로부터 난 자는 다 범죄하지 아니하는 줄을 우리가 아노라 하나님께로부터 나신 자가 그를 지키시매 악한 자가 그를 맞지도 못하느니라"(5:18)

1. 요한 1서의 목적

사도 요한은 곳곳에서 자신이 이 책을 쓴 목적을 열거하고 있다.

"우리가 이것을 씀은 우리의 기쁨이 충만하게 하려 함이라"(1:4)
"내가 이것을 너희에게 씀은 너희로 죄를 범하지 않게 하려 함이라 ~"(2:1)
"내가 너희에게 쓰는 것은 너희 죄가 그의 이름으로 말미암아 사함을 받았음이요~"(2:12-13)

"내가 너희에게 쓰는 것은 너희가 진리를 알지 못하기 때문이 아니라 알기 때문이요~"(2:21)

"이것을 쓰는 것은 너희로 하여금 영생이 있음을 알게 하려 함이라"(5:13)

<하나님을 기뻐하라>, <하나님의 영광을 위한 하나님의 열심>으로 우리에게 익숙한 미국의 존 파이퍼 목사는 이런 언급들을 이렇게 종합하여 정리했다.

"내가 이 편지를 쓰는 것은 너희가 진정한 신자이기 때문이라. 그러나 너희 중에 속이는 자들이 있으니 너희가 거듭난 하나님의 자녀로서 영생을 가졌음을 굳게 확신하여 죄를 지은 후에도 미혹되지 않기를 바라노라. 이 편지가 이런 결과를 낸다면 내 기쁨이 충만할 것이다"

한편 유명한 요한 1서의 주석가인 로버트 로우는 그의 책 <삶의 테스트, the Tests of Life>에서 요한 1서의 목적은 우리가 영적인 생명을 가졌는지, 즉 우리가 거듭났는지 나지 못하였는지를 테스트하는 책이라고 하였다. 그러므로 요한 1서에 담긴 거듭남의 증거들을 살펴보면서 거듭난 여러분이 하나님으로부터 받으실 축복이 무엇인가를 아는 것이 매우 중요하다.

2. 거듭남의 증거들

첫째, 예수를 하나님의 아들이라 시인한다. 예수를 믿고 거듭난 사람의 첫 번째 특징은 바로 예수님이 나의 구세주시오, 하나님의 독생자이심을 믿게 되는 것이다. 이 믿음은 실로 기적 같은 일이다. 필자도 예수님을 믿기 전에는 교회 신자들이 신기했다. 무엇보다 우리나라 사람도 아닌 서양사람인 예수님을 좋아한다는 것이 이상하게 보였다. 특히 주일마다 우리 동네 먼 친척뻘 되시는 아주머니는 남들은 논밭에서 일하는데 고운 옷을 차려입고 마을 중앙 길을 가로질러 건너편 마을에 있는 교회로 가는 것이었다. 그 모습을 보고 사람들이 예수쟁이들은 일요일 날 놀기만 한다고 혀를 끌끌 찼다. 아주머니는 동네 사람들이 놀린답시고 "예수가 누구요?" 라고 물으면 빙긋이 웃으며 "우리를 죄악에서 구원하신 주님이십니다."라고 했다가 또 어떤 날에는 "십자가에서 우리를 구원하기 위해 우리 죄를 대신 짊어지고 간 어린 양"이라 했다가 때마다 대답이 틀려 사람들이 놀렸다. 그런데 제가 분명히 기억하는 대답 중 하나는 "예수님은 우리를 구원하기 위해 이 땅에 오신 하나님의 아들"이라는 대답이었다. 훗날 제가 목회자가 되어 고향 마을에 유일한 그리스도인인 그 아주머니 집을 방문했을 때 마치 자기 일처럼 얼마나 좋아하는지 지금도 눈에 선하다. 과연 그분은 어떻게 해서 예수님을 하나님의 아들로 믿게 되었을까? 아마 요한일서 때문이 아닐까?

> "누구든지 예수를 하나님의 아들이라 시인하면 하나님이 그의 안에 거하시고 그도 하나님 안에 거하느니라"(요일 4:15)

> "아들이 있는 자에게는 생명이 있고 하나님의 아들이 없는 자에게는 생명이 없느니라"(5:12)

둘째, 하나님의 계명에 순종한다. 시편 기자가 노래하였듯이 거듭난 하나님의 자녀는 하나님의 계명을 기꺼이 믿고 따른다. 우리가 주일마다 교독하는 십계명을 중심으로 모든 하나님의 자녀는 그 심중에 하나님의 법을 새기고 살아간다. 물론 간혹 실수하고 연약한 믿음으로 말미암아 계명을 어기고 살기도 하지만 그러나 거듭나지 못했을 때 의식하지도 못하였던 하나님의 말씀의 법과 계명들이 기억되고 생각나서 곧 하나님께로 돌아와 회개하고 순종하고자 한다. 이것이 거듭난 사람의 특징이다. 무엇보다 거듭난 사람이 하나님의 말씀을 지키는 것은 하나님의 사랑이 그 안에서 온전하게 되었기 때문이다. 요일 2:5~6의 말씀이 이것을 잘 증거한다.

> "누구든지 그의 말씀을 지키는 자는 하나님의 사랑이 참으로 그 속

에서 온전하게 되었나니 이로써 우리가 그의 안에 있는 줄을 아노라 그의 안에 산다고 하는 자는 그가 행하시는 대로 자기도 행할지니라"(요일 2:5-6)

셋째, 성령이 내주한다. 거듭난 사람에겐 주어진 최고의 선물은 단연코 성령님이시다. 하나님은 한 사람의 새로운 탄생을 위해 성령님으로 하여금 그 사람에게 믿음을 선물하시고 마음을 돌이키게 하시어 하나님을 바라보고 하나님의 말씀의 법에 따라 살도록 돕기 위해 친히 믿는 자 안에 오시어 구원이 완성될 때까지 함께 거하신다. 이것을 신학적으로 '성령의 내주'라 부른다.

"우리에게 주신 성령으로 말미암아 그가 우리 안에 거하시는 줄을 우리가 아느니라"(3:24)

"그의 성령을 우리에게 주시므로 우리가 그 안에 거하고 그가 우리 안에 거하시는 줄을 아느니라"(4:13)

그러므로 성령이 내주한다는 것은 그가 성령을 받았으며, 새로운 신분의 새사람이 되었다는 것을 증명하는 것이며, 이제 그가 세상의 법을 따르지 않고 하나님의 법에 순종하며 살도록 돕는다는 것이다. 한 마디로 성령의 사람은 이제 세상에 거하면서 살고 있지만 세상에 속한 사람이 아니라는 뜻이다. 세상에 속하지 않으므로 세상을 바라보고 세상을 사랑하고 세상의 유익을 위해 살지 않는다는 것이다. 무엇보다 성령님이 이런 일을 허락하시지 않는다. 만약 거듭난 사람이 세상에 미혹되어 하나님보다 세상을 더 사랑한다면 그는 아마 아직 거듭난 사람이 아니거나 거듭났음에도 세상에 미련을 버리지 못하여 하나님을 근심케 하는 매우 어리석고 불쌍한 자일 것이다.

> "이 세상이나 세상에 있는 것들을 사랑하지 말라. 누구든지 세상을 사랑하면 아버지의 사랑이 그 안에 있지 아니하니"(2:15)

넷째, 형제를 미워하지 않고 사랑한다. 요한 1서는 하나님의 사랑이 무엇인지 전해주고 싶은 사도 요한의 절절한 마음이 담긴 따뜻한 편지다. 무엇보다 여기서 요한은 하나님은 사랑이라는 대전제 하에 서로 사랑하라고 조언한다. 그러므로 거듭난 사람의 특징은 하나님의 사랑의 능력을 받아 사랑하는 사람이 된 것이다.

> "사랑하는 자들아 우리가 서로 사랑하자 사랑은 하나님께 속한 것이니 사랑하는 자마다 하나님으로부터 나서 하나님을 알고 사랑하지 아니하는 자는 하나님을 알지 못하나니 이는 하나님은 사랑이심이라"(요일 4:7-8)

무엇보다 사도 요한은 형제 사랑을 유난히 강조한다. 일설에는 요한이 어린 나이에 주님의 열두 제자 그룹에 포함되어서인지 자기가 잘난 줄 알고 제일 사랑을 받고자 하여 다른 제자들의 눈총을 샀다고 한다. 마지막 만찬 때에도 요한은 예수님 바로 옆에 붙어 앉아 예수님의 사랑을 독차지하고 싶어 했을 정도다. 또 주님이 사도 베드로에게 열두 사도의 주도권을 허락하시자 시기심으로 베드로를 미워하여 주님이 승천하신 후에 처음엔 베드로와 같이 다니다가 베드로가 주목을 받고 베드로를 통해 기적이 나타나므로 요한이 시기심에 베드로와 헤어져 따로 전도 활동을 다녔다는 전설 같은 이야기가 있다. 그래서 요한은 말년에 그런 시기심이 얼마나 어리석은 죄악인지 깊이 깨닫고 요한 1서를 통해 형제 사랑을 유난히 강조했다 하는 것이다.

"빛 가운데 있다 하면서 그 형제를 미워하는 자는 지금까지 어둠에 있는 자요"(요일 2:9)

"우리는 형제를 사랑함으로 사망에서 옮겨 생명으로 들어간 줄을 알거니와 사랑하지 아니하는 자는 사망에 머물러 있느니라"(3:14)

"누구든지 하나님을 사랑하노라 하고 그 형제를 미워하면 이는 거짓말하는 자니"(4:20)

다섯째, 습관적인 죄를 짓지 않는다. 거듭난 사람은 전에 습관적으로 짓던 죄를 멀리한다. 비록 완전히 죄에서 벗어난 것은 아니지만 죄에 대해 민감하게 되어 같은 죄를 반복하는 일이 점점 사라지게 된다. 오히려 거듭남으로 이제까지 멀리했던 의로운 일을 행하기를 즐겨한다.

> "하나님께로부터 난 자마다 죄를 짓지 아니하나니 이는 하나님의 씨가 그의 속에 거하심이요 그도 범죄하지 못하는**can not keep on sinning** 것은 하나님께로부터 났음이라. 이러므로 하나님의 자녀들과 마귀의 자녀들이 드러나나니 무릇 의를 행하지 아니하는 자나 또는 그 형제를 사랑하지 아니하는 자는 하나님께 속하지 아니하니라"(3:9-10)

> "너희가 그가 의로우신 줄을 알면 의를 행하는 자마다 그에게서 난 줄을 알리라"(2:29)

심지어 사도 요한은 하나님께로부터 난 자는 악한 자가 그를 만지지도 못한다고 하였다.

> "하나님께로부터 난 자는 다 범죄하지 아니하는 줄을 우리가 아노라 하나님께로부터 나신 자가 그를 지키시매 악한 자가 그를 맞지도 못하느니라"(5:18)

3. 거듭난 자에게 주시는 하나님의 축복

이제 여러분은 거듭남에 대해 여러 가지를 배우고 알게 되었으며 여러분 스스로 거듭남에 대한 확신을 가지게 되는 계기가 되었으리라 믿는다. 그렇다면 이제 마지막으로 거듭난 자는 이 세상에서 어떤 축복을 받고 사는 것인지 네 가지로 정리해서 살펴보자.

첫째, 하나님은 거듭난 자로 하여금 세상을 이기도록 도우신다. A. W. 토저 목사는 신자를 넘어뜨리는 두 대적을 '세상과 자기 자신'이라 했다. 그만큼 이 두 가지가 신앙생활을 함에 있어서 극복하기 힘든 대상이라는 것이다. 특히 신자라고 해서, 거듭났다고 해서 이 땅에 사는 한 세상과 완전히 단절하지 못하는 것이 현실이다. 그래서 때로는 세상의 단맛에 이끌려 죄를 짓기도 한다. 지나치게 세상적인 일에 매몰되어 돈을 사랑하고 먹음직도 하고 보암직도 한 일에 정신을 홀린 채 살아가기도 한다. 어떤 이는 교회 사람들보다 세상 사람들과 어울리기를 더 좋아한다. 그들과 짝하고 은근슬쩍 쾌락을 즐기는 등 세상 편에 서 있기도 한다. 그러나 중요한 것은 그리스도인은 세상을 이긴다는 하나님의 약속을 받은 자들이다. 요일 5:4~5를 보자.

"무릇 하나님께로부터 난 자마다 세상을 이기느니라 세상을 이기는
승리는 이것이니 우리의 믿음이니라. 예수께서 하나님의 아들이심
을 믿는 자가 아니면 세상을 이기는 자가 누구냐"

정말로 당신이 거듭났다고 믿는다면 당신은 이미 세상을 이긴
자임을 믿어야 한다. 세상을 앞으로 이길 것으로 예정된 것이 아니
라 세상을 이미 이겼으므로 세상을 두려워하거나 실패한다 하여
염려할 필요가 없다. 세상일은 실패할 수도 있고 성공할 수도 있지
만 결국엔 당신은 세상에서 승리한 자가 되어 있다는 것이다. 축구
시합에서 이미 이긴 시합을 녹화로 보는 사람은 느긋하게 경기를
즐긴다. 바로 이것이 그리스도인이 이 세상에서 처세하는 기본적인
지침이자 자세다.

둘째, 모든 것이 새롭게 시작되고 열매를 맺는다. 거듭났다는 것
은 나무로 치면 뿌리가 달라졌다는 것이다. 썩은 뿌리가 다시 살아
나면 나무가 자란다. 혹은 뿌리를 뻗지 못하던 뿌리를 뻗게 해 주
면 건강한 잎과 열매가 맺는다. 제 아내는 집 베란다에다 여러 화
분을 두고 나무와 꽃을 심어 키우는 것을 좋아한다. 그중에 고무나
무가 제일 빨리 자란다. 그런데 언젠가부터 더 이상 자라지 않는 것
이었다. 그때 아내가 화분을 더 큰 것으로 마련해서 갈아주었더니

키가 천장까지 닿을 정도로 쑥쑥 자랐다. 거듭났다는 것이 바로 이와 같은 것이다. 하나님과 나 사이에 죄라는 녀석이 통로를 가로막고 있었는데 성령님이 그것을 해체시키자 통로가 펑- 하고 뚫려버린 것이다. 그 결과 모든 것이 다 연결되고 협력하여 무엇이든 좋게 되어지고 선한 열매를 맺게 된 것이다.

> "우리가 알거니와 하나님을 사랑하는 자 곧 그의 뜻대로 부르심을 입은 자들에게는 모든 것이 합력하여 선을 이루느니라"(롬 8:29)

셋째, 새로운 목표를 두고 살게 된다. 거듭나고 하나님의 자녀로 부름을 받은 사람에겐 이제 새로운 인생의 목적이 주어진다. 이 목적은 모든 신자에게 주어진 공통의 사명과 개인적인 소명으로 구분된다. 먼저 모든 그리스도인의 삶의 목적은 '하나님의 영광'이라는 하나의 주제에 초점이 맞추어진다.

> "그런즉 너희가 먹든지 마시든지 무엇을 하든지 다 하나님의 영광을 위하여 하라"(고전 10:31)

하나님의 영광(히. 카보드/헬. 독사)이라는 말은 결코 가벼운 의미가 아니다. 인간의 이성으로는 가늠할 수 없는 무한한 의미가 담겨 있다. 구약 성경은 하나님의 영광을 '신 현현懸懸'과 '구원의 행동' 또는 '심판의 행동'과 연관시킨다. 출애굽기에서 하나님의 영광은 시내산을 구름으로 가리운 '맹렬한 불'로 표현된다(출 24:16~17). 하나님의 이 영광은 구름과 불 가운데서 이스라엘에 머물렀다. 그리고 광야의 성막과 완공된 성전 안에 하나님의 영광이 임재했다. 이것은 하나님의 영광은 이스라엘과 늘 함께한다는 것을 암시한다. 이제 복음의 시대를 맞아 이스라엘은 그리스도 안에 있는 모든 믿는 자들로 실체화되면서 하나님의 영광은 그리스도 안에 머물고 있다. 그러므로 그리스도인이 왜 행복한 존재인가를 묻는다면 하나님의 영광과 직결된 존재이기 때문이라고 대답할 수 있다. 실로 제아무리 크고 위대하고 아름답고 화려한 우주 만물이 있다 해도 하나님의 영광과 관련이 없는 존재보다 더 불행한 존재는 없다. 그런 점에서 개인적으로도 인생의 목적은 하나님의 영광을 위한 인생이 될 때 진정한 의미가 있다. 하나님의 은혜는 모든 신자로 하여금 하나님의 영광을 위해 살 수 있도록 하신 것이다. 그러므로 모든 신자에게 각각 다른 직분과 은사를 주시는 이유도 바로 이 영광을 위한 일에 동참하도록 하시기 위함이다. 그리스도인이라 하면 그 누구도 이 일에서 예외일 수 없다.

넷째, 하나님은 거듭난 자로 하여금 오직 하나님의 사랑으로 살아가도록 이끄신다. 사도 요한은 "사랑하는 자들아 우리가 서로 사랑하자"라고 독려하면서 "사랑은 하나님께 속한 것"Love is from God(요일 4:7) 이라고 하였다. 이 말에는 두 가지 의미가 담겨 있다. 하나는 인간에겐 진정한 의미에서 사랑이 없다는 것이며 다른 하나는 오직 인간은 하나님으로부터 사랑의 능력을 공급받을 때 사랑할 수 있다는 것이다. 다시 말해, 우리가 서로 사랑하기 위해선 우리 자신의 힘과 능력으로는 불가능하지만 하나님으로부터 사랑을 받았을 때 그 사랑을 나누어 줄 수는 있다는 것이다. 그렇다면 중요한 질문은 "당신은 하나님으로부터 사랑을 받았습니까?"이다. 이에 대한 대답은 "당신이 거듭났을 때 당신은 하나님의 사랑을 이미 받았습니다"이다. 열이 불에서 나오듯이, 빛이 태양에게서 나오듯이 사랑은 하나님에게서 나온다. 전적으로 타락한 인간에겐 사랑이 원래 없는 것이다. 그렇다면 많은 사람이 의문을 가지고 질문할 것이다. "나는 나의 아내를 사랑하고 자식들을 사랑하고 부모를 사랑하고 내 형제와 친척과 가까운 친구들을 사랑합니다"라고 하면서 인간에게 사랑의 능력이 없다는 것을 믿지 않을 것이다. 그러나 여기서 말하는 '하나님의 사랑'은 육신적 사랑인 '에로스'나, '필로스'가 아니라 '아가페'를 가리킨다. 육신적 사랑은 일시적이고 유한하며 자신과 관계된 것에 대한 애착과 집착의 하나다. 그러나 아가페는 무한하고 영원한 사랑이다. 예레미야 선지자는 "여호와께서는 영원한 사랑으로 이스라엘을 사랑하신다"(렘 31:3)고 말했다. 그렇다면 거듭난 사람은 어떻게 하나님의 사랑을 증명하는 것인가? 먼저 구약 성경은 하나님의 계명을 지키고, 그 목소리에 복종하고, 그의 길을 걸으며, 그를 가까이 하는 자들을 통해 하나님의 사랑이 증명된다고 하였다(신 6:5-9, 11:22, 30:20). 다음으로 신약 성경 또한 하나님의 계명을 지키는 것이라 하면서 한 마디로 예수님을 따르는 것이 하나님을 사랑하는 증거라고 말한다(마 10:37-39). 나아가 예수님을 따른다는 것은 하나님을 사랑하고 이웃을 사랑하는 두 가지라 요약한다(마 22:37-40). 거듭남의 가장 큰 축복은 바로 '사랑'이다. 이 사랑으로 우리가 서로 사랑하면 하나님이 그 안에 거하신다. 하나님은 불화와 반목과 분쟁의 자리에는 임재하시지 않는다. 하나님은 사랑과 평화의 자리에 오시어 우리와 교제하신다. 거듭나기 전에는 오직 나의 유익을 위해, 혹은 내 자식을 위해 사랑하는 능력밖에 가지지 못했지만 이제 하나님의 사랑의 능력으로 다시 태어나서 더 큰 사랑, 영원한 사랑을 할 수 있게 된 것이다.

4. 결어

지금까지 우리는 거듭남에 대해 듣고 배우고 깨달았다. 우리는 이제 거듭남이 무엇인지를 알게 되었다. 거듭남은 '새로운 탄생'이자 '새 생명을 가진 존재로의 전환'임을 알게 되었다. 그리고 우리는 타락한 인간은 왜 거듭나야만 하늘나라에 갈 수 있는가를 진지하게 검토해 보았다. 그리고 오늘 우리는 거듭난 자의 주요한 특징과 거듭난 자에게 주어지는 하나님의 축복이 무엇인가를 요한 1서를 중심으로 살펴보았다.

중요한 것은 당신은 성령으로 말미암아 거듭난 그리스도인인가, 아니면 거듭난 척하는 위선자인가, 아니면 전혀 거듭남을 모르는 무지한 자인가 하는 것이다. 이 세 부류에 당신은 어느 곳에 해당하는가? 만약 미심쩍다면 구원의 확신에 대해 다시 점검하고 교리적으로 연구하고 깊이 묵상해야 한다. 만약 당신이 당신의 거듭남에 대해 연구하기를 주저하지 않는다면 분명히 당신은 이미 거듭난 사람임을 믿는다. 아멘.

빈 수레가 요란하다. 빈 박스가 바람에 쉬이 날린다. 거듭나지 못한 그리스도인들이 교회당을 가득 채우고 있는 현실을 바라보면서 떠올린 속담이다. 오늘날 교회 안의 모습이 자꾸 황량하다. 성령의 아름다운 열매들은 온데간데없고 속 빈 껍데기만 가득한 것같아 갈수록 마음이 쓸쓸하다. 아무리 목회자가 강단에 서서 믿음대로 실천하자고 가르치고 역설을 해도 각자 집으로 돌아가면 여전히 기존의 방식대로 행하고 살아간다. 평생을 가르쳐도 변화의 조짐이 보이지 않는다. 변화를 거부한다.

목회자는 목회자대로 자기만의 방식대로 목회한다. 주님의 꿈이 아니라 자신의 꿈을 꾼다. 주님과 사도와 믿음의 선진이 세워준 목회의 모범과 법규들을 버리고 제식대로 교회를 운영하고 지도한다. 교회법은 책장에 꽂혀 있는 장식품이 되었다. 일부 목회자의 일탈은 세간의 지탄의 대상이 되고 있다. 어디를 가도 목회자를 존중하는 태세는 보이지 않는다. 목회자도 세속적인 직업인의 한 사람으로 전락했다. 최근엔 '거듭나지 못한 목사'라는 말이 공공연히 떠돈다.

거듭나지 못한 자는 그리스도인이 아니다. 무엇보다 '위로부터' 거듭난 그리스도인이 아니면 하나님께로부터 난 자들이 아니며 빛의 자녀가 아니다. 그들은 여전히 어둠 속에 거하는 자들이다. 빛의 열매가 따로 있고 어둠의 열매가 따로 있다.

거듭난 하나님의 자녀들은 성경이 무오한 하나님의 말씀임을 자연스럽게, 그리고 확고하게 믿는다. 그리하여 모든 삶의 기준과 원칙 및 방법들을 성경에 둔다. 성경이 자신들의 절대적 기준이자 규칙임을 스스로 인정하고 수칙한다. 성경이 가라면 가고 멈추라면 멈춘다.

포스트모더니즘은 이전의 수법과 다르다. 이전의 사상들은 철저하게 성경을 멸시하거나 삭제하려고 애썼지만 포스트모더니즘은 그러한 시도가 아무런 성과를 내지 못한다고 판단하고 더욱 교묘한 방식으로 성경을 대적한다. 우선 이들은 성경을 인정한다. 성경이 그리스도인들의 것이라고 선심 쓰듯이 대접한다. 그러나 이내 이들은 그리스도인더러 "니들은 성경이나 가지고 놀아라"고 쏘아댄다. 이들은 성경은 하나님을 내세우고자 하는 자들이 만든 억지 소설에 불과하다고 힐난한다. 구시대의 유물이라고 공격한다. 성경이 하나님의 말씀이라고 하는 주장에는 코웃음을 친다. 어느새 이런 유행은 전염병처럼 교회를 오염시켰다. 한국교회의 십중팔구는 이 오염에서 자유롭지 못할 것이라는 전문가들의 진단이 무색할 뿐이다.

사실, 거듭난 사람들이 없다면 교회도 필요없다. 교회는 거듭난 사람들의 예배요, 모임이자 교제다. 하나님은 이 교회를 통해 영원한 천국으로 가는 길이 있다는 것을 알리도록 하셨다. 교회는 구원의 길을 밝혀주는 가로등이요, 항구를 찾는 선박에게 정박지를 알리는 등대다. 누가 알아주든 아니든 이 일은 거듭난 사람들인 교회가 담당해야 할 책무다. 그런데 지금 교회가 빛을 잃어가고 있다. 자욱한 어둠 속에서 길을 잃은 한 나그네를 위해 마련된 가로등 불빛이 거듭나지 못한 자들의 시커먼 연기에 가려져 인해 빛을 비추지 못하고 있다. 등대는 적군에 의해 파괴되어 불빛이 불안한 모습으로 깜박거린다.

교회는 구원의 방주다. 이미 구원받은 사람들, 거듭남을 통해 새로운 인생을 살게 된 사람들이 먼저 승선한 채 나머지 배 밖의 사람들을 향해 얼른 타라고 소리치는 곳이다. 그런데 어느새 그 소리가 사라졌다. 구원의 방주라고 믿었던 교회가 어느새 타락의 방주가 된 모양이다. 거듭난 사람들이 모인 곳으로 여겼던 교회가 거듭나지 않은 형식적인 교인들로 가득찬 모양이다.

  교회가 새로워져야 한다. 교회가 거듭나야 한다. 거듭나지 않은 교회를 통해 구원의 역사는 일어나지 않는다. 그래서 '거듭남'이라는 오래된 명제를 꺼내 본다. 혹시 사람들이 이 오래된 주제에 대해 다시 관심을 보인다면 성령님의 불타는 역사가 재생하지 않을까 소망해 본다. 아멘.

2024년 1월에
북한산성 글방에서
주의 작은 종 최더함 씀.

위로부터

2024년 2월 22일 초판 발행

저 자   최더함
발행인   최더함
출판사   리폼드북스
주 소   서울 은평구대서문길15-11. 3층

디자인   추하늘
인쇄소   진흥인쇄